जिन्दगी की कहानियाँ

(लघुकथा संग्रह)

केशी गुप्ता

Delhi110089, India

प्रथम संस्करण : 2021
ISBN : 978-93-90889-40-2

मूल्य : 195/-

ज़िन्दगी की कहानियाँ (लघुकथा संग्रह)
–केशी गुप्ता

Jindagi Ki Kahaniyan (laghukatha sangrah)
-Keshi Gupta

Published by
PRAKHAR GOONJ PUBLICATION
H3/2, Sector18, Rohini, Delhi-110089
Email : prakhargoonj@gmail.com
        sinha.neelu123@gmail.com
Ph. : 011-42635077, 7982710571, 7838505899
web : prakhargoonjpublications.com

समर्पण

मेरी पुस्तक 'ज़िंदगी की कहानियाँ' हर उस शख़्स को समर्पित है, जो ज़िंदगी को जिंदादिली से जीते हुए उसके हर पहलू और एहसास से जुड़ा हुआ है।

प्राक्कथन

ज़िंदगी बहुत रंग-बिरंगी होती है। बिना रंगों के ज़िंदगी फीकी और बैरंग लगने लगती है। ज़िंदगी में आने वाले उतार-चढ़ाव और एहसास ही ज़िंदगी के रंग कहलाते हैं। इन्हीं रंगों से ज़िंदगी की तस्वीर बनती है। मेरी पुस्तक 'ज़िंदगी की कहानियाँ' (लघुकथा संग्रह) ज़िंदगी से जुड़ी कहानियों का संग्रह है। जिसमें मैंने मानव की ज़िंदगी के सभी एहसासों, उतार-चढ़ाव को लघु कथाओं में संजोने का प्रयास किया है। इस पुस्तक की लघु कथाएं मानव समाज के रीति रिवाज सोच और उससे जुड़ी परिस्थितियों को दर्शाती है। ज़िंदगी के सफर में बहुत से लोगों से मुलाकातें होती हैं और अनेक पहलू, एहसासों को समझने का मौका मिलता है। इस पुस्तक के सभी पात्र ज़िंदगी के सफर से ही उभरे हैं। इसलिए इस पुस्तक की कहानियों को पढ़ते हुए आप इन पात्रों को अपने इर्द-गिर्द और करीब के रिश्तों में महसूस करेंगे।

प्यार एक ऐसा एहसास है जिसकी तलाश हर व्यक्ति चाहे वह नर हो या मादा, ज़िंदगी के हर पल में खोजता है। प्यार के एहसास के अनेक रूप और पहलू देखने को मिलते हैं। हर रिश्ते में प्यार के अहसास का होना उस रिश्ते को सार्थक और पूर्ण करता है। प्यार के अभाव में कोई भी रिश्ता मात्र बंधन बन कर रह जाता है। इसी एहसास के साथ वफा, करुणा, विश्वास बेवफाई, धोखा जैसे अनेक पहलू जन्म लेते हैं। यह सभी एहसास व्यक्ति के जीवन में आने वाली परिस्थितियों और समय के अनुसार अपना रंग बिखेरते दिखाई पड़ते हैं।

मुझे उम्मीद है कि मेरी पुस्तक 'ज़िंदगी की कहानियाँ' की लिखी सभी लघु कथाएं पाठकों के ज़हन में उतर कर अपनी छाप छोड़ जाएंगी। यह पुस्तक पाठकों को ना सिर्फ समाज की कुरीतियों से अवगत करेंगी बल्कि मरे हुए एहसासों को जागृत कर जीवन को एक दिशा देने में सहायक होंगी।

मेरा यह विश्वास है कि मेरे पढ़ने वालों का अटूट प्रेम और शुभकामनाएं मुझे सदैव प्राप्त होती रहेंगी। मेरी प्रेरणा स्त्रोत मेरी मां के आशीर्वाद और आप सभी के प्रोत्साहन से लिखने का यह सिलसिला सदैव जारी रहेगा।

थाम कर हाथ ज़िंदगी का
हमने हर पल को जी लिया

केशी गुप्ता

Http://www:facebook.com/TheSoul2Soul
YouTube @keshi Gupta Soul2Soul

अनुक्रमणिका

हिचकिचाहट

संजय और नीलम रिश्ते में यूं तो एक दूसरे के कुछ नहीं लगते थे, पर एक ही बिरादरी से थे। बस इसी नाते आपस में जान पहचान थी। फिर एक बार किसी करीबी रिश्तेदार के

यहां, उनके बेटे की शादी में नीलम का जाना हुआ। इतिफाक से वहां संजय भी आया हुआ था।

शादी से पहले की भी कई रस्में होती है, जैसे मेहंदी, सगन इत्यादि। बाहर से आने वाले सभी अतिथी तीन, चार दिन का प्रोग्राम बना कर आए हुए थे। नीलम और संजय भी चार दिन के लिए दिल्ली से जयपुर पहुंचे थे। एक ही शहर के होने के बावजूद भी कभी दोनों का आमना सामना नहीं हुआ, पर यहां शादी के इन चार दिनों में वह एक दूसरे के बेहद करीब आ गए।

दोनों को यूं लग रहा था जैसे वह एक दूसरे को बहुत पहले से जानते और समझते हैं। चार दिन का समय अच्छे से गुजर गया। वक्त का पता ही नहीं चला फिर वापसी की उड़ान भरने का समय भी आ गया। दोनों ने एक दूसरे का नम्बर लेते हुए फिर मिलने की इच्छा जाहिर करते हुए अलविदा ली। दोनों अपनी अपनी गाड़ी से आए थे। संजय के साथ उसका दोस्त भी था और उनका जयपुर से अजमेर जाने की प्रोग्राम था।

नीलम घर पहुंच तो गई मगर उसे लगा जैसे उसका पीछे कुछ छूट गया, उसे अधूरापन सा महसूस हो रहा था। रात बिस्तर पर लेटे भी बेचैनी महसूस हो रही थी। रह रह कर संजय और उसकी बातें उसे सता रही थी। उसे संजय के फोन का इंतजार था, मगर फोन नहीं आया। एक हफ्ता बीत गया और फिर महीने। नीलम को लगा संजय उसे, उस पल दो पल के साथ की तरह भूल गया। खुद फोन करने में वह हिचकिचाती रही थी।

फिर एक दिन अचानक नीलम और संजय का एक रेस्ट्रां में आमना सामना हुआ। नीलम अपनी सहेलियों के साथ और संजय एक सुंदर व्यक्तित्व की महिला के साथ था। नीलम को देखकर संजय आगे बड़ा और मुसकुरा कर बोला 'कैसी हो नीलम'? ठीक हूं, नीलम ने जवाब दिया। तुम कैसे हो, मुझे लगा तुम मुझे भूल गए। नीलम ने कटाक्ष भरे स्वर में कहा

नहीं ऐसा नहीं है, तुम्हारे फोन का बहुत इंतजार किया। फिर लगा शायद तुम मिलना नहीं चाहती, संजय ने उतर दिया।

खुद पहल करने में हिचकिचाहट थी कि कहीं तुम गलत न समझ लो। इतने में संजय के साथ आई स्त्री भी उनके समीप आ गई। इन से मिलो, ये मेरी पत्नी कल्पना है। पिछले महीने ही माता-पिता की इच्छा से शादी हुई है। नीलम ने दोनों को मुबारकबाद देते हुए घर आने को कहा और फिर अलविदा लेते हुए अपनी सहेलियों के साथ बाहर आ गई। मगर मन में एक ही सवाल था, आखिर क्यों हिचकिचाते रहे और एक दूसरे से सदा के लिए दूर हो गए।

काश उसने या संजय ने बिना किसी हिचकिचाहट के मन की बात मान फोन कर लिया होता तो एक दूसरे को पा लिया होता।

२. चक्रव्यूह

मायके की दहलीज पे बैठी नंदिनी सड़क के छोर को भीगी आंखों से देखते हुए सोच रही थी कि आखिर ऐसा क्यों होता है कि लड़की जिस घर में पैदा होती है, उसी घर में केवल एक मेहमान बन कर रह जाती है। भाई, बहन यहां तक कि मां बाप भी उसे मेहमान की तरह ही देखते हैं और उसके वापिस

जाने की राह देखते हैं। जिन गलियों में उसका बचपन, जवानी परवान चढ़ती है, वह राहें छूट जाती हैं। आस पड़ोस भी कुछ दिन बाद सवाल भरी निगाहों से देखने लगता हैं कि अभी तक मायके में पड़ी हो। क्या ससुराल ही उसका सही मायने में असली घर होता है? जहां उसके चारों तरफ अनजान लोग होते हैं, जहां उसका सफर जवानी के बाद शुरू होता है। ऐसे कई सवाल नंदिनी की आंखों से झलक रहे थे।

प्रताप जिससे नंदिनी का ब्याह अभी एक माह पहले ही हुआ था। शराबी किस्म का निकम्मा इंसान था, उसका पति। माँ बाप ने बी.ए की पढ़ाई होते ही नंदिनी की शादी कर डाली। बड़ा घर देख बिना लड़के की खास छान बिन किए दूर के एक रिश्तेदार के कहने भर से सब बाते तय हो गईं थी। नंदिनी के पिता इस रिश्ते को लेकर कुछ संशय में थे मगर पत्नि के आगे उनकी एक ना चली। 'आखिर कब तक जवान लड़की को घर में बिठा कर रखेंगे, एक दिन तो ब्याहना ही है' फिर रिश्ता खुद घर चल कर आया है, ये सब बाते कह नंदिनी की मां ने उन्हें राजी कर लिया था। नंदिनी के पिता लाचार हो कुछ ना कर सके। घर की शांति बनाए रखने के लिए किसी एक को तो झुकना ही पड़ता है। यहां, ये भार नंदिनी के पिता ने उठा रखा था। मां बाप ने तो जैसे नंदिनी को बोझ समझ ब्याह कर उतार डाला। मगर नंदिनी एक अजीब से चक्रव्यूह में फंस गई।

ब्याह के अगले दिन से प्रताप के रंग ढंग नजर आने लगे। उसे शराब की लत थी, जिसके लिए वह अपने मां बाप से भी लड़ता झगड़ता। नंदिनी को साफ नजर आने लगा था कि वह नरक में आ गिरी है। उसे इस बात का अहसास हो गया अब उसकी ज़िंदगी एक ऐसे चक्रव्यूह में आ फंसी है जिससे बाहर निकलना संभव नहीं और एक ना खत्म होने वाली जंग बन गई है। रोज की कलह और कमसिन सी नंदिनी अपने सपनों को टूटते बिखरते देख रही थी, उस दिन तो हद ही हो गई प्रताप ने शराब के नशे में नंदिनी पर हाथ उठाने की

कोशिश की। नंदिनी गुस्से में अपना कुछ सामान उठा मायके आ गई। मगर मायके में उसका स्वागत एक मेहमान की तरह हुआ। मां ने भी नंदिनी से, उसकी परेशानी की वजह जानने की कोशिश नहीं की। उल्टा नंदिनी के बताने पर वह उसी को समझाते हुए बोली कि अब 'वही तुम्हारा घर है और यही समाज की परम्परा है, बेटियाँ पराया धन होती हैं और हर एक का अपना चक्रव्यूह होता है'। नंदिनी स्तब्ध रह गई, वह समझ नहीं पा रही थी। उसे अपनी हालत धोबी के कुत्ते जैसी लगी, जो ना घर का ना घाट का। नंदिनी ने उसी पल ये तय किया कि वह इस जंग को अपने तरीके से पूरे स्वाभिमान के साथ, चक्रव्यूह के हर व्यूह को तोड़ते हुए जिएगी। नंदिनी दहलीज से उठी और अपना सामान ले उस चक्रव्यूह का सामना करने के लिए निकल पढ़ी।

नौ महीने बाद नंदिनी को एक बेटी हुई, मगर अब नंदिनी चक्रव्यूह के हर व्यूह का सामना करने और तोड़ने के लिए तैयार थी। अब वह बेबाक हो चुकी थी। उसने घर से ही सिलाई कढ़ाई का काम शुरू किया और ये फैसला भी कि वह अपनी बेटी के साथ वो सब नहीं होने देगी जो उसके साथ हुआ। वह अपनी बेटी को बोझ समझ किसी अन्जाने, अनचाहे चक्रव्यूह में नहीं धकेलेगी। बल्कि उसे स्वावलंबी बना ज़िंदगी अपने हिसाब से जीने के लिए प्रोत्साहित करेगी। समाज की संकीर्ण सोच और परम्पराओं की बली नहीं बनने देगी।

३. दोस्त की पहचान

राम और श्याम दोनों बहुत ही गहरे मित्र थे। उनकी मित्रता बचपन की थी, साथ खेले और साथ ही बड़े हुए। बारहवीं की परिक्षा खत्म हो चुकी थी। विद्यालय की शिक्षा के पश्चात अब आगे विश्वविद्यालय में जाने का समय था। अन्य विद्यार्थियों की भांति ये दोनों मित्र भी इसी चिंता में थे कि आगे क्या और कैसे किया जाए ।

राम जहां पढ़ाई में ठीक सा था, तो श्याम सदैव कक्षा में अव्वल स्थान प्राप्त करता था। दोनों के परिवारों में रहन – सहन का भी अन्तर था। परन्तु इन सब अन्तर के बावजूद दोनों में अटूट मित्रता रही। विद्यालय के परिणाम स्वरूप दोनों को अलग अलग विश्वविद्यालय में दाखिला मिला। दोनों ही अपनी अपनी दिनचर्या और पढ़ाई में व्यस्त हो गए। अब वह कभी-कभार ही मिल पाते और पिछले समय को याद करते।

फिर एक दिन राम ने अपने जन्मदिन की पार्टी रखी और अपने सभी नए पुराने दोस्तों को आमंत्रित किया। श्याम को तो आना ही था। राम के विश्वविद्यालय के दोस्त उसकी तरह उच्च परिवारों के थे। उन्हें देख राम को कुछ हीनता का भाव आने लगा, उसे लगा जैसे राम की दुनिया उससे जुदा है। पार्टी के शोर शराबे में वह खुद को अकेला महसूस कर रहा था। सबसे मिलने के पश्चात वह एक कोने में जा कर बैठ गया। कुछ समय पश्चात राम उसके पास बैठते हुए बोला, वक्त और हालात चाहे कितना ही बदल गए हो मगर जो वक्त मेरा और तुम्हारा था, वही असली खजाना है, ज़िंदगी की जो खुशी और सकुन मुझे तुम्हारे साथ होने से मिलता है, वह किसी ओर के होने से नहीं मिलता।

ज़रूरी होता है दोस्त और दोस्ती के महत्व को समझना। सुनकर श्याम की आंखों से पानी बहने लगा। उसे अपने विचारों पर शर्म महसूस हो रही थी कि उसने अपने दोस्त और दोस्ती को कहीं समझा नहीं। आगे बड़ कर उसने राम को गले लगाते हुए जन्मदिन की शुभकामनाएं दी और दोनों दोस्त पार्टी की रौनक में घुल गए।

४. गुलाल की महक

सुनील और नूर एक दूसरे को कई वर्षों से जानते थे। एक दूसरे के पड़ोसी जो थे। धीरे-धीरे समय के साथ एक दूसरे के बेहद समीप आ गए और फिर नजदीकियां प्यार में बदल गईं। रोज मिलने लगे मोहब्बत की रफ्तार और सफर में वे दोनों ही बेहद खुश थे। फागुन के आते ही प्यार की पींगे ऊंचाइयों को छूने लगीं। दोनों ही को होली का बेसब्री से इंतजार था। होली आई सभी लोग होली खेलने के लिए मोहल्ले में बाहर आए। गुलाल का रंग और महक चारों तरफ फैली

हुई थी। सुनील भी बेहद बेसब्री से नूर को गुलाल में रंगने को तैयार बैठा था। जैसे ही नूर अपनी सहेलियों के संग बाहर आई सुनील ने मौका देखते ही पीछे से आकर उसे गुलाबी रंग में रंग डाला। नूर खुश थी मगर कहीं एक डर भी था, कहीं सुनील बेवफा ना हो जाए। इस तरह नाचते गाते होली का दिन निकल गया। होली के रंगों ने प्यार के रंग को और गहरा कर दिया। फिर एक दिन सुनील को अपने काम के चलते ऑफिस से शहर के बाहर जाना पड़ा। कुछ दिनों का कहकर सुनील ने नूर से विदा ली। नूर इस बात से उदास थी मगर सुनील को रोक नहीं सकती थी। तीन-चार दिन में ही सुनील लौट आया मगर वह कुछ बदला बदला सा था। नूर को उसका बदलाव समझ नहीं आ रहा था। सुनील ने अपने लौटने के बाद उससे मिलने की बेचैनी नहीं दिखाई। शायद वह अपने ऑफिस के काम को लेकर कुछ परेशान था। इस बात को लेकर दोनों में कहासुनी हो गई और बेवजह बात बढ़ती चली गई। दोनों में चाहे अनचाहे एक खामोशी और दूरी पनपने लगी। शायद नूर का डर उस पर हावी हो चला था। वह चाहती थी कि सुनील उसे मना ले मगर ऐसा नहीं हुआ। यूं ही खामोशी और अहम के चलते साल बीत गया और फिर एक बार फागुन आ गया।

नूर और सुनील दोनों के दिलों में बेचैनी थी, पिछले साल की होली की कई यादें ताजा हो गईं। लोग हर बार की तरह सुबह ही गुलाल ले मोहल्ले में बाहर निकल पड़े मगर नूर घर से बाहर नहीं निकली। गुलाल की रंगत और महक आज भी फिजा में हर बार की तरह ही फैली हुई थी। तभी खुशबू नूर की सहेली ने दरवाजे पर दस्तक दी और नूर को बाहर होली खेलने के लिए आवाज लगाई। नूर ने तबीयत ठीक ना होने का बहाना किया मगर खुशबू नहीं मानी और उसे खींचकर बाहर ले गई।

गली में सुनील को अपने मित्रों के साथ देखकर नूर आंखें चुराने लगी मगर सुनील को उसी का इंतजार था। सुनील

बिना किसी खौफ के नूर की तरफ बड़ा और नूर को गुलाबी रंग में रंग डाला साथ ही उसकी मांग भी भर डाली। नूर की आंखों से पानी बरसने लगा उसने भी हाथ बढ़ा सुनील को गुलाल में रंग डाला। आज फिजा में फैले गुलाल के रंग और महक ने उनकी सभी दूरियों को मिटा डाला था। दोनों एक दूसरे का हाथ थाम होली की मस्ती से सराबोर हो गए। होली के रंगों में सब डर और अहम पीछे छोड़ दोनों सदा सदा के लिए एक दूसरे के हो गए।

५. जलेबी की चाशनी

राम दुलारे शहर से गांव लौट रहा था। फसल की कटाई के बाद शहर में फसल बेचने के लिए आया था। छोटा सा जमीन का टुकड़ा था, राम दुलारे के पास जिस पर खेती-बाड़ी कर वह अपना और अपने परिवार का पेट भरता था। यह ही उसकी आमदनी का जरिया था। राम दुलारे की दो छोटी-छोटी लड़कियां थी। राम दुलारे को अक्सर ये ख्याल सताता रहता था कि जब दोनों बड़ी होंगी तो उन दोनों के ब्याह भी रचाने होंगे। जिसके लिए उसे बहुत से पैसे की ज़रूरत पड़ेगी। वह खेती-बाड़ी कर बहुत मुश्किल से फसल बेचकर अपने परिवार की ज़रूरतों को पूरा कर पाता था। आज उसे फसल के कुछ

ठीक-ठाक दाम मिल गए थे। पत्नी ने घर का कुछ ज़रूरत का सामान मंगवाया था, वह लेने के बाद राम दुलारे ने बच्चों के लिए थोड़ी सी मिठाई ले ली। कई दिनों से छोटी लड़की बाबा से जलेबी खाने की मांग कर रही थी। आज राम दुलारे जल्द से जल्द अपने घर अपने गांव पहुंचना चाहता था ताकि उसके बच्चे जलेबी खा सकें। वरना बच्चों की छोटी-छोटी इच्छाओं को पूरा करना राम दुलारे के लिए एक चुनौती के समान था।

राम दुलारे सोच रहा था कि किसान की ज़िंदगी कितनी अजीब है, जो किसान पसीना बहाकर जमीन से फसल पैदा कर दूसरों का पेट भरता है, वह अपने परिवार की छोटी-छोटी ज़रूरतों को पूरा करने में खुद को असमर्थ और असहाय पाता है। किसान की ज़िंदगी का फैसला कुदरत के साथ-साथ फसल के मिलने वाले सही दामों पर आधारित होता है। यदि मौसम कुदरत साथ दे तो ही किसान की मेहनत सफल हो अच्छी फसल पैदा होती है। बाकी मंडी में फसल के सही दाम मिलने पर निर्धारित करता है। इन सभी बातों को सोचते हुए राम दुलारे का सफर कट गया।

घर के अंदर घुसते ही दोनों लड़कियों ने बाबा को टांगों से पकड़ पूछा, 'बाबा आज तो जलेबी लाए हो ना'। राम दुलारे ने भर्राई आवाज में पत्नी को आवाज लगाते हुए कहा- 'जल्दी से मेरी बेटियों को जलेबी खाने को दो'। पत्नी की आंखें भर आईं। जलेबी की चाशनी में राम दुलारे की लाचारी कुछ समय के लिए घुल गई।

६. गुरु महिमा

गुरु, एक आदरणीय व्यक्तित्व है जो सदैव राह दिखाने का काम करता है। उस दिन मैं मार्केट से जब घर को लौट रही थी तो अचानक राह में स्कूल की हिंदी टीचर मिसेज मल्होत्रा से मेरी मुलाकात हो गई। बड़ी बात यह थी कि मेरी हिंदी अध्यापिका ने मुझे इतने वर्षों बाद भी पहचान लिया और मुझसे मेरा हाल पूछते हुए कहा- कैसी हो खुश हो ना तुम? जी, मैं खुश हूं, उत्तर देते हुए मैंने कहा। स्कूल की बहुत सी यादें ताजा हो गई। कुछ देर बातचीत होने के बाद उन्होंने मुझे आशीर्वाद दिया और हम दोनों अपनी अपनी राह पर चल दिए।

यूं तो घर, पति, बच्चे बहुत से सवाल किए उन्होंने मुझसे, मगर उनका वह प्रश्न कि खुश हो ना? जो उन्होंने सबसे पहले पूछा मेरे कानों में गूंजता रहा। घर पति बच्चों के बारे में जानने के बाद जब उन्होंने कहा कि ज़िंदगी की सबसे ज़रूरी चीज़ खुशी होती है और तुम उसे किन्हीं परिस्थितियों में खोने मत देना, वह बात मुझे अंदर तक छू गई। बातचीत के दौरान उस दिन मेरी हिंदी की अध्यापिका मिसेज मल्होत्रा मुझे जीवन का एक ऐसा संदेश दे गईं, जिसने मेरी ज़िंदगी को आसान कर दिया। आज भी अध्यापिका मिसेज मल्होत्रा का चेहरा और उनकी बात मेरे जेहन में जिंदा है।

७. आशीर्वाद

मेरे प्रिय मां, बाबूजी,

बिना भूमिका के मैं यह कहना चाहती हूं कि मैं उस इन्सान से शादी नहीं करना चाहती हूं जिसे आपने मेरे लिए चुना है। मैंने बहुत समझाने की कोशिश की लेकिन आप लोगों ने मेरी बात नहीं मानी। मैं बालिग हूं और अपनी ज़िंदगी अपनी मर्जी से अपने हिसाब से बिताना चाहती हूं इसलिए मैं ये घर छोड़कर हमेशा हमेशा के लिए जा रही हूं...

मुझे माफ कर दीजियेगा और ढूँढने की कोशिश मत करियेगा।

आपकी रागिनी.....

रागिनी अपनी मेज पर इस पत्र को रखकर, अपना बैग उठाकर रात के अंधेरे में घर से निकल जाती है।

रागिनी नहीं जानती थी कि उसका यह उठाया हुआ कदम उसे ज़िंदगी के किस मोड़ पर लाकर खड़ा कर देगा। अक्सर जवानी के जोश और उमंगों की उड़ान में बहुत से फैसले जल्दबाजी में हो जाते हैं। मगर उसे राघव पर पूरा भरोसा था।

राघव स्टेशन पर उसके आने का इंतजार कर रहा था। राघव एक सुलझा हुआ युवक था, दिल से रागिनी को चाहता था। उसके माता-पिता इस दुनियां में नहीं थे। उसने रागिनी को बहुत समझाने की कोशिश की कि वह उसके बाबूजी से बात कर उन्हें मना लेगा। वह पेशे से इंजीनियर था। रागिनी का कहना था कि पिताजी जातिवाद में विश्वास करते हैं और वह राघव को स्वीकार नहीं करेंगे। रागिनी की जिद के आगे राघव को रागिनी का साथ देना पड़ा और दोनों ने शहर छोड़ शादी करने का इरादा किया। अभी राघव यह सोच ही रहा था कि इतने में रागिनी स्टेशन पहुंच गई। दोनों गाड़ी में सवार हो अपनी नई ज़िंदगी के सफर पर निकल पड़े।

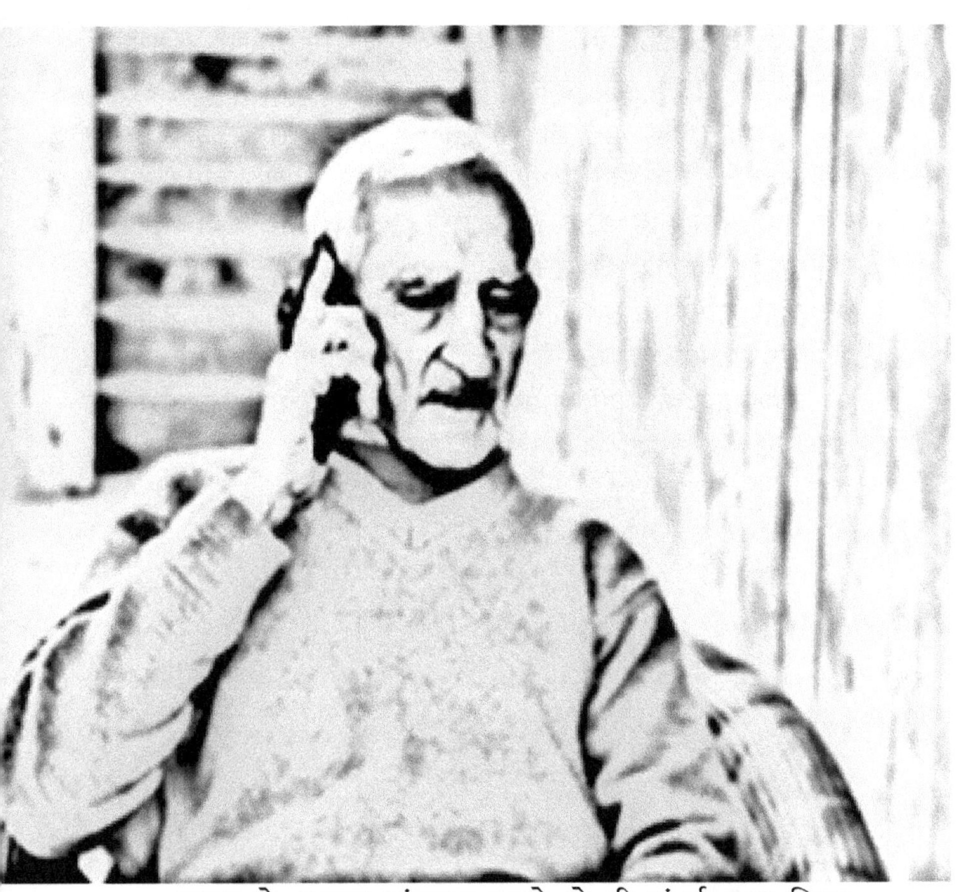

राघव ने अपना ट्रांसफर पहले से ही मुंबई करा लिया था। मुंबई पहुंच कर कुछ दोस्तों की मौजूदगी में दोनों ने शादी कर ली और कंपनी से मिले फ्लैट में अपना घर बसा लिया। शादी की दूसरी सुबह राघव ने रागिनी को अपने घर फोन कर माता-पिता को सूचित करने के लिए कहा। राघव नहीं चाहता था कि रागिनी के माता-पिता किसी भी तरह की चिंता में रहे। उसने रागिनी को समझाया। रागिनी के फोन करने पर उधर से बाबूजी के हेलो सुनाई दी। उनकी आवाज भर्राई हुई थी। बाबूजी, मैं 'रागिनी' मैंने राघव के साथ ब्याह कर लिया है और अब मुंबई शहर में अपने गृहस्थ जीवन की शुरुआत करने जा रही हूं, जिसके लिए आप दोनों का आशीर्वाद चाहती हूं। बाबूजी

ने बिना कुछ कहे फोन रख दिया शायद उनके लिए रागिनी के उठाए गए कदम को माफ करना मुश्किल था।

फोन बंद होते ही रागिनी की आंखों से झर झर आंसू बहने लगे। राघव ने रागिनी का हाथ हाथों में लेते हुए कहा कि वक्त के साथ सब ठीक हो जाएगा। कुछ समय बाद हम दोनों जाकर मां बाबूजी को मना लेंगे तब तक उनका गुस्सा शांत हो जाएगा। रागिनी राघव जैसा जीवन साथी पाकर बेहद सुकून में थी मगर अपनी इच्छा से शादी करने के बाद भी मां बाबूजी के आशीर्वाद की कमी रागिनी को खल रही थी। काश उसे मां बाबू जी का आशीर्वाद भी मिल जाता।

८. बराबरी का दर्जा

मानसी और जयंत बचपन से साथ-साथ पढ़े थे। एम बी.ए की पढ़ाई के बाद मानसी ने जाब कर ली थी। उधर जयंत ब्रेक लेकर सिविल सर्विस की तैयारी कर रहा था। दोनों की दोस्ती जब प्यार में बदली तो परिवार वालों की सहमति से दोनों की शादी तय कर दी गई। उनकी शादी को सिर्फ एक हफ्ता ही बचा था कि यू पी एस सी का रिजल्ट निकला और जयंत की काफी अच्छी रैंक आने के कारण उसका आई.ए. एस में चयन हो गया था। दोनों परिवारों में खुशी का माहौल था कि एक दिन जयंत के चाचा जी घर आए और शादी की खातिरदारी से लेकर दहेज की एक लम्बी लिस्ट थमाकर यह कहकर चले गए कि अब तो आपकी बेटी की शादी एक आई. ए. एस से होने जा रही है तो आपको उस स्टैंडर्ड को ध्यान में रखकर शादी करनी होगी, वगैरह वगैरह। मानसी को जब यह पता चला तो....

मानसी ने जयंत को फोन किया और मिलने को कहा। मानसी ने जयंत को चाचा जी की लंबी लिस्ट और स्टैंडर्ड का ध्यान रखने वाली बात बताते हुए जयंत से इस विषय में वह क्या सोचता है जानने की कोशिश की। जयंत को यह सब जानकर बहुत हैरानी हुई। वह समझ नहीं पा रहा था कि उसके चाचा जी और परिवार के लोग कैसे इस तरह की बात कर सकते हैं। उसे अपने परिवार से इस तरह की उम्मीद नहीं थी क्योंकि यह एक प्रेम विवाह था, जिसमें उन दोनों की रजामंदी थी। मानसी और जयंत दोनों ही पढ़े-लिखे कामयाब और सुलझे हुए व्यक्तित्व के इंसान थे। जिन्होंने एक लंबे समय के बाद हमसफ़र बनने का फैसला लिया।

जयंत ने मानसी की तरफ देखते हुए कहा तुम चिंता मत करो मैं अपने घर वालों से बात करूंगा उन्हें अपने आप को बेचने नहीं दूंगा और ना ही उन्हें अपने प्यार के बीच में

आने दूंगा। उन्होंने मुझे पढ़ाया लिखाया ज़रूर है मगर इसका मतलब यह नहीं कि उन्हें मुझे बेचने का अधिकार मिल गया है। मानसी के दिल में जयंत के लिए प्यार और आदर बढ़ गया। वह बचपन से जयंत को जानती थी और यह भी जानती थी कि जयंत बात को संभाल लेगा इसीलिए उसने जयंत से बात करना ज़रूरी समझा।

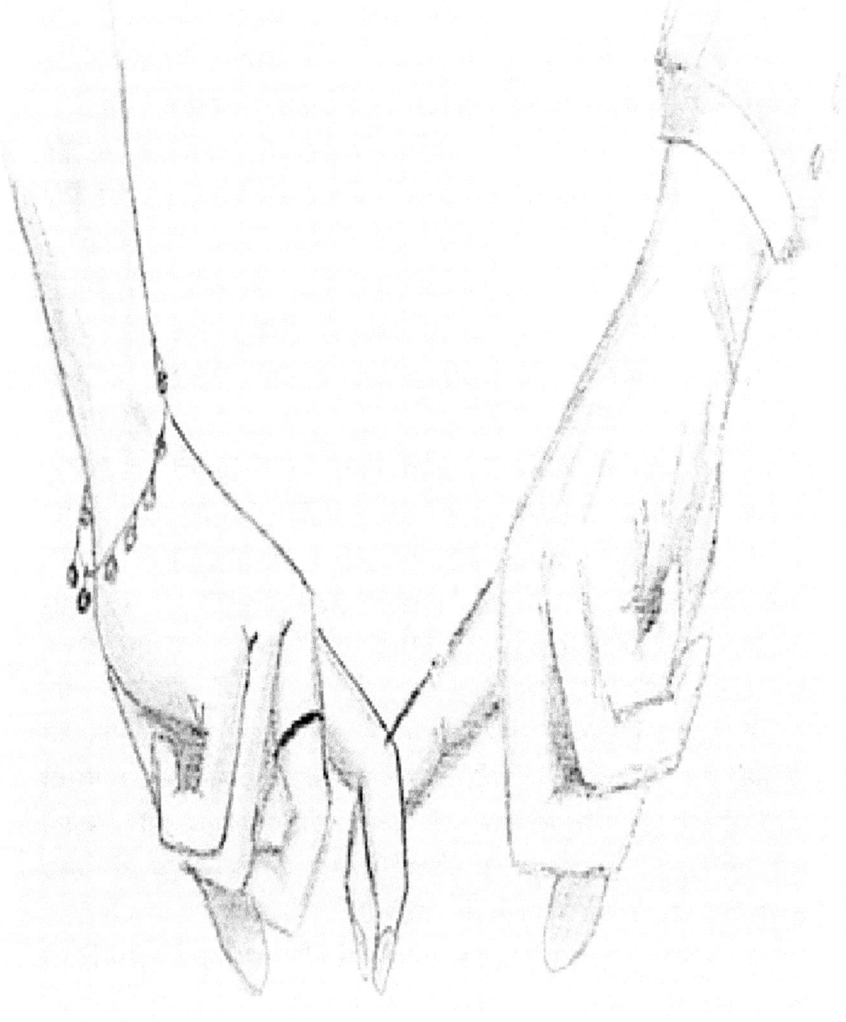

जयंत ने अपने घर में बात कर सभी को समझाया कि आज वह पढ़ लिख कर इस काबिल बन चुका है कि अपने जीवनसाथी के साथ मिलकर अपने जीवन, परिवार के कर्तव्य तथा अन्य सभी ज़रूरतों को पूरा करने में सक्षम है। उनका इस तरह से मानसी के परिवार से किसी भी तरह की मांग करना या अपेक्षा रखना गलत है। जयंत ने चाचा जी को मानसी के घर फोन कर अपनी कही बात को सुधारने को कहा। चाचा जी ने जयंत की बात को मानते हुए मानसी के घर फोन कर अपनी बात की माफी मांगते हुए उन्हें शादी की तैयारियां आराम से करने को कहा। मानसी खुश थी। सही हमसफ़र वही होता है जो प्यार के साथ मान सम्मान में भी बराबरी का दर्जा दे।

९. जागृति

कशिश जो एक संपन्न परिवार में पैदा हुई थी। बेहद ही भावुक, निर्मल स्वभाव की थी। ज़िंदगी को मौज मस्ती की नजर से ही देखा, पर चाहे अनचाहे जब कभी वह अपने से निम्न वर्ग के लोगों को देखती तो मन में सदैव यही भाव आता कि आखिर ये फर्क क्यों? क्या जीवन सिर्फ मौज मस्ती का ही नाम है? फिर एक दिन ऐसा संयोग बना कि उसे उसकी सहेली अर्चना जो एक आर्य समाज के मध्यम वर्ग से थी के साथ उनके आश्रम में जाने का अवसर मिला रास्ता भर वो पहाड़ों और नदियों के नज़ारे लेती रही।

आश्रम का माहौल शांत तथा साधारण था। भिन्न-भिन्न जगह से कई लोग वहां आ कर ठहरे हुए थे। हवन की अग्नि, ओम की ध्वनी और सादे भोजन ने कशिश के मन में उठती सभी अशांत लहरों को बिल्कुल शांत कर दिया। प्रवचन संध्या के दौरान वहां आए कई वरिष्ठ विद्वानों को सुनने का अवसर मिला, जिसमे एक आचार्य गोबिंद दास जी थे। व्यक्ति की जीवन यात्रा और उसके कार्मिक सफर पर बहुत सी बातें कहीं, जिन्हें सुन कर कशिश को अहसास हुआ कि जीवन एक ऐसी यात्रा जिसमें हर व्यक्ति का अपना सफ़र है जिसे उसे तय करना होता है। आप चाह कर भी उस यात्री के सफर को, बदल नहीं सकते हो क्योंकि आखिर किस रास्ते से सफर तय करना है ये उसका निर्णय होता है, सामने वाला पूछने पर केवल रास्ता बता सकता है। यदि ये सफर यात्री सजग हो कर करे तो वह अपने जीवन को सार्थक कर सकता है। उसने आचार्य गोबिंद जी का आशीर्वाद लिया।

हवन कुंड में पड़ती हवन सामग्री की महक, शुद्ध वातावरण और उत्तम विचारों ने कशिश के जीवन को सुगंधित कर महका दिया। वापिस आने पर कशिश की ज़िंदगी एक नया रुख ले चुकी थी। अब वह जागृत हो कर समाज के प्रति अपने

कर्तव्य और उत्तरदायित्व को समझ समाज कल्याण के कार्यों में
लीन हो गई। यही जागृति अब वह दूसरों में भी लाना चाहती
थी। जिससे सभी की जीवन यात्रा सार्थक हो सके।

१०. रिश्ते की कड़ी

खिड़की से बाहर दिखते हुए पहाड़ों को देख आरती सोच रही थी कि ज़िंदगी भी इन पहाड़ों ही की तरह उतार-चढ़ाव से गुजरती है। जो धूप पड़ने पर गरमा उठते हैं और रात चांद की नरमाहट में ठंडे शीतल हो जाते हैं। शांत अडिग सब कुछ झेलते हुए। हिमाचल की पहाड़ियों में रहते हुए एक उम्र निकल गई तभी महक ने आवाज दी मां जल्दी करो मुझे देर हो रही है कॉलेज को, चाय नाश्ता दे दो। आरती ने शादी के ५ साल बाद ही तलाक ले लिया था। बहुत कोशिश के बावजूद दोनों के अलग अलग विचारों में ताल-मेल नहीं बैठ पा रहा था। एक अनचाहा फासला बन गया था। किसी ना किसी बात पर तकरार हो ही जाती। उनकी तकरार का बुरा असर महक पर ना पड़े इसलिए उसने अलग होना ही बेहतर समझा। महक तब ३ साल की थी।

महक की आवाज सुन आरती अपनी सोच से बाहर निकली और महक को नाश्ता दे काम पर जाने के लिए तैयार होने लगी। ज़िंदगी ने एक रफ्तार पकड़ रखी थी देखते ही देखते महक जवान हो गई। बेटी जब बड़ी हो जाती है तो मां की दोस्त हो जाती है। आरती अक्सर उसे समझाती तुम जब भी अपना जीवन साथी चुनो तो समाज या परंपरा के लिए नहीं बल्कि सिर्फ अपने आप के लिए। तुम्हें मेरी ओर से कोई दबाव नहीं है, शादी दो आत्माओं का मिलन है जो सामाजिक ढांचे में मात्र एक सामाजिक रिश्ता बनकर रह गया है। आरती तैयार हो नाश्ता कर गाड़ी में बैठकर दफ्तर की ओर चल दी। दफ्तर पहुंच जैसे ही गाड़ी लगा उतरी तो कुछ ही दूरी पर अरविंद को खड़ा देख चौंक गई। बेहद कमजोर और बीमार सा लग रहा था। एक लंबे समय बाद आमना-सामना हुआ।

तलाक के बाद अरविंद ऑस्ट्रेलिया चला गया था। पलट कर उसने कभी महक और आरती की खबर नहीं ली फिर

अचानक आज ऐसा क्या हुआ? आरती मन में सोच रही थी। 'कैसी हो आरती' अरविंद के शब्द आरती के कानों में गूंज उठे, 'ठीक हूं' मगर तुम ठीक नहीं लग रहे हो। हां मुझे कैंसर हो गया है ज़िंदगी का कुछ भरोसा नहीं, सोचा एक बार तुमसे और महक से मिल लूं। जानता हूं हकदार नहीं मगर दिल नहीं माना। यह तो बहुत बुरी खबर है इतने साल तुमने कभी महक के लिए भी पलट कर नहीं देखा। रिश्ता तुम्हारा मेरा खत्म हुआ था महक और तुम्हारा नहीं। खैर, रात को खाने पर घर आ जाओ। महक को तुमसे मिलकर अच्छा लगेगा। मैंने कभी उसे तुम्हारे बारे में कुछ गलत नहीं कहा, वह समझती है कि दो अच्छे लोग ज़रूरी नहीं अच्छे हमसफ़र साबित हों।

हर आदमी ज़िंदगी को अपने तरीके से समझता है। भगवान तुम्हें इस बीमारी से लड़ने की शक्ति दे। यदि किसी मदद की ज़रूरत हो तो निसंकोच कह सकते हो ...महक आज भी तुम्हारे मेरे बीच रिश्ते की कड़ी है कहकर आरती दफ्तर की ओर बढ़ गई। अरविंद भीगी पलकों से आरती को जाते हुए देखता रहा।

११. आख़िरी सफर

मंजुला के पार्थिव शरीर को देखकर कोई कह नहीं सकता कितना संघर्ष से भरा जीवन रहा होगा उसका। चेहरे पर वही सौम्यता और शांति थी। किरण टकटकी लगाए मंजुला के बेजान शरीर को देख रही थी। आंखों से आँसू रिमझिम रिमझिम बरस रहे थे। अतीत की यादें आ जा रहीं थी। मंजुला और किरण बचपन की सहेलियां थी। जीवन के उतार-चढ़ाव सुख-दुख की भागीदार। एक दूसरे की सीक्रेट डायरी जैसी। जिसमें इंसान अपने अंदर के सब विचार खोल देता है। आज मंजुला का अंतिम सफर था। किरण को अकेला महसूस हो रहा था। अब किससे वह अपने दिल की बात कह पाएगी। कुछ देर में मंजुला का शरीर भी नहीं रहेगा।

आने जाने वाले सभी लोग मंजुला के जीवन पर चर्चा कर रहे थे। बेहद शांत मधुर सादगी वाली थी मंजुला। हर हाल में खुश रहने वाली ईश्वर पर भरोसा करने वाली इस तरह की कई बातें रिश्तेदार और अन्य आने जाने वाले कर रहे थे। किरण ही जानती थी कि हर अच्छाई के बावजूद मंजुला को जीवन का सांसारिक सुख नहीं मिल पाया था। भीतर से वह बेहद तन्हा और अकेली थी। किसी से कहती नहीं थी। शादी की तो जब तक जीवन रहा पति से अनबन रही चाह कर भी बीच की दूरी को कभी खत्म ना कर पाई। दो बेटों की मां मगर बच्चों की आपसी अनबन तथा असामान्य जीवन, जो कुछ मंजुला कर सकती थी उसने किया। नौकरी पेशा होने के साथ घर बाहर की सभी जिम्मेदारी को निभाया, बच्चों को अच्छे संस्कार देने की कोशिश की मगर कहीं कुछ छूट गया।

बच्चे मां को ज़िंदगी भर अपनी नाकामियों के लिए दोषी ठहराते रहे। मंजुला के अंदरूनी उत्साह ने फिर भी उसे कभी हार नहीं मानने दी। दिखने में छोटी सी मगर स्वतंत्र विचार वाली आत्मनिर्भर महिला थी मंजुला। कल ही तो बात हुई थी,

वह हमेशा यही कहती मैं अच्छी हूं, मुझे क्या होना है? आज बिल्कुल खामोश लेटी है ...जैसे कह रही हो अब आराम करूंगी बेहद थक गई हूं। तभी पंडित जी ने बेटों को आगे आ मां के पार्थिव शरीर को कंधा देने के लिए आवाज लगाई, राम नाम सत्य है, सत्य बोलो, सत्य है की आवाज गूंज उठी। मंजुला का आखिरी सफर शुरू हो चुका था। यही जीवन का सच है, जो उसे एक नये सफर की ओर ले जाता है। मंजुला अपने संघर्ष की कहानी अपने साथ ले गई और अपनी मिठास पीछे छोड़ गई। किरण ने गीली पलकों से मंजुला को विदाई का आखिरी सलाम दिया।

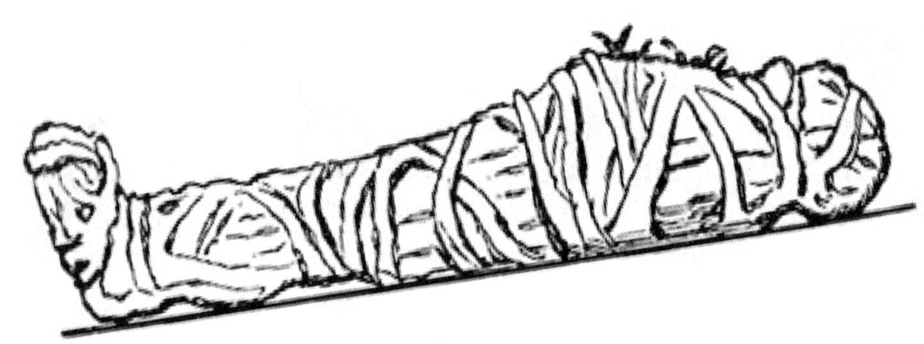

१२. ज़िंदगी का सबक

कभी सोचा नहीं था, अचानक से यूं महामारी का सामना करना पड़ेगा आनंद ने स्मिता की ओर देखते हुए कहा। हां.. ज़िंदगी कब क्या मोड़ ले जाए किसे मालूम होता है। दोनों के बीच खामोशी छा गई। स्मिता और आनंद की शादी को अभी कुछ ३ साल ही हुए थे। बहुत सी उम्मीदें उड़ान लिए हुए थीं। दोनों ने मिलकर बहुत से सपने संजोए हुए थे। परिवार शुरू करने से पहले बहुत से टारगेट पूरे करने थे। जैसे नया घर, बड़ी गाड़ी ऐसी कई सारी ख्वाहिशें थी। मगर जो अब पूरी हो पाना नामुमकिन और बेमानी भी लग रही थी।

महामारी को रोकने के लिए सरकार ने लॉकडाउन की घोषणा कर दी और सभी घरों में बंद हो गए। कामकाज भी बंद हो गए। संपूर्ण अर्थव्यवस्था डगमगा गई। स्मिता ने खामोशी तोड़ते हुए कहा, आनंद आज की स्थिति को देखते हुए अब आगे क्या होने वाला है? कुछ पता नहीं है, ज़िंदगी की हर चीज़ बेमानी सी हो गई है। हम दोनों अपने सपनों को साकार करने में इतने व्यस्त थे कि एक दूसरे को भी समय नहीं दे पा रहे थे। परिवार आगे बढ़ाने के लिए हमने कैसे बेमानी से लक्ष्य रखे हुए थे। तुम ही कहो क्या इन परिस्थितियों में हम परिवार बनाने की सोच सकते हैं? क्या यह कुदरत का इशारा नहीं कि आदमी के हाथ कुछ नहीं होता, उसे हर पल को सही तरीके से जीना चाहिए। असली खुशी ज़िंदगी को जीने में है।

हां, तुम ठीक कहती हो। स्मिता इच्छाओं का क्या है, वह तो हमेशा बढ़ती ही रहती है और आदमी उसके पीछे भागते भागते एक दिन खत्म हो जाता है। ज़रूरी होता है अपने रिश्तों, खुद को समय दे ज़िंदगी को भरपूर जीने का। चलो इस लॉकडाउन, महामारी की वजह से ज़िंदगी का एक बहुमूल्य सबक तो सीखने को मिला। आनंद ने स्मिता की तरफ प्यार भरी नजर से देखते हुए कहा, 'अब हम अपना एक नया सफर शुरू करेंगे जिसका लक्ष्य ज़िंदगी को जीना होगा ...भागते रहना नहीं'।

१३. एहसास

सुधा दफ्तर खत्म होने के बाद जब शाम को घर पहुंची तो गुस्से से झल्ला उठी। दफ्तर का काम करने के बाद घर पहुंचो, तो घर अस्त व्यस्त मिलता है, जैसे सारी जिम्मेदारी मेरी ही है उसने पंकज और पलक की ओर देखते हुए कहा... मैं भी इंसान हूं कोई मशीन नहीं थक जाती हूं। उम्र बढ़ रही है मेरी अब इतना सब काम नहीं होता मुझसे। कुछ नहीं तो अपना अपना सामान ही संभाल लिया करो और हां ...पलक अब तुम छोटी बच्ची नहीं रही, स्कूल खत्म होने वाला है तुम्हारा अपने आप को संभालो और अपनी जिम्मेदारियों को समझो। पंकज और पलक चुपचाप से सुधा को देखते जा रहे थे। किसी ने वापस कोई जवाब नहीं दिया। पंकज जानता था कि इस समय

कुछ भी कहने का मतलब आग को हवा देना है इसलिए उसने पलक को इशारे से चुप रहने को कहा। सुधा बढ़बढ़ाते हुए मुंह धोने के लिए बाथरूम में चली गई।

पापा चलो अपने काम पर लगें.. मम्मी आती ही होगी, पलक ने कहा और दोनों उठकर किचन में चले गए। पंकज ने फ्रिज से केक निकाला। पलक ने प्लेट और बाकी सब समान टेबल पर रख दिया। जैसे ही सुधा कमरे में घुसी पंकज और पलक ने उस पर फूलों की वर्षा कर दी और जोर से हैप्पी वूमेंस डे बोलकर चिल्ला उठे। सुधा यह सब देखकर फूली नहीं समाई उसकी आंखों से खुशी के आंसू छलक उठे। पलक ने मां को गले लगा लिया और कहने लगी मां आप मेरे आदर्श हो, मैं आपसे बहुत प्यार करती हूं और आप ही की तरह बनना चाहती हूं। सुधा का हाथ थामते हुए पंकज ने कहा... तुम इस घर का मजबूत स्तंभ हो। मैं जानता और समझता हूं कि तुम बहुत मेहनत करती हो। मुझे तुम जैसी पत्नी मिली यह मेरा सौभाग्य है नारी शक्ति को मेरा सलाम कह कर पंकज मुसकुरा दिया।

पंकज और पलक के प्यार में सुधा की सारी झुंझलाहट खत्म हो गई। पलक और सुधा ने मिलकर केक काटा और फिर अपने ही ठहाको में खो गए। सुधा खुश थी कि उसकी मेहनत का एहसास उसके पति और बेटी दोनों को है। शायद हर रिश्ता इसी एहसास की तलाश में रहता है।

१४. परवरिश

कॉफी हाउस से गुस्से में उठ स्नेहल बदहवास सी बिना रुके चलती ही जा रही थी। स्वाति ने आवाज दी स्नेहल रुक जाओ, मगर स्नेहल अनसुना कर वहां से निकल गई। उसे मंजिल की खबर नहीं थी। ना जाने वह किस बात की सजा खुद को दे रही थी? आनंद और स्वाति कुछ ना कर सके। स्नेहल ज़िंदगी से खफा थी, सब कुछ होते हुए भी ज़िंदगी में कड़वाहट थी। मां बाप के बीच की दूरी ने उसके अंदर एक अजब अहसास पैदा कर दिया था। जाने अनजाने कब वह दोनों से दूर हो गई पता ही नहीं चला। स्वाति ने स्नेहल के पैदा होने पर अपनी दुनिया को बहुत छोटा कर लिया था। उठते बैठते उसे सिर्फ और सिर्फ स्नेहल का ख्याल था। जी जान से उसकी परवरिश में खो गई यहां तक कि नौकरी भी छोड़ दी मगर फिर भी स्नेहल को बांध ना सकी।

बच्चों की परवरिश में कितना ही समय दो मगर बात फिर वही जन्मों के संबंधों और किस्मत के लिखे पर आ जाती है, चाहे अनचाहे से कई मोड़ ज़िंदगी में आ ही जाते हैं। आज स्नेहल के भीतर की कड़वाहट स्वाति के लिए जहर का काम कर रही थी। वह समझ नहीं पा रही थी की नन्हीं सी परी स्नेहल ना जाने कब इतनी बड़ी हो गई कि आज स्वाति उसकी गुनहगार बन गई। जिस परी पर स्वाति और आनंद अपनी जान न्यौछावर करते रहे, वह उनके आपसी मनमुटाव का कहीं शिकार हो गई। हालांकि उन्होंने कभी नहीं चाहा कि उनके बीच की दूरी का एहसास कहीं भी स्नेहल पर कोई असर छोड़ें। दोनों ने २५ साल स्नेहल को इस कड़वाहट से बचाने में साथ गुजार दिए मगर आज जब स्नेहल ने आनंद स्वाति को खुलकर कहा कि मेरी इस कड़वाहट के जिम्मेवार आप दोनों ही हो तो वह समझ नहीं पाए कि आखिर परवरिश में क्या कमी रह गई?

कभी शायद यूं ही होता है कि हम अपनी नाकामियों के

लिए खुद को जिम्मेवार ना ठहराने की कोशिश में अपने परिवार और अपनी परवरिश में कमियां ढूंढने लगते हैं। इससे बेहतर कोई बचाव नहीं होता। स्वाति सोच रही थी मां बाप कितना भी कर ले बच्चों के लिए कम ही पड़ जाता है। शायद जवानी का जोश और नादान उम्र कभी ना कभी हर मां-बाप को गुनहगार बना ही देती है। मां बाप और बच्चों का रिश्ता माली और पौधे जैसा होता है। जिसकी माली जी जान से देखरेख करता है ताकि वह भरपूर फल फूल सके मगर उसका बढ़ना और खिलना उसके अपने स्वभाव और अन्य कारणों पर भी निर्भर करता है। माली को संपूर्ण दोषी ठहराना न्याय संगत नहीं।

इतने में स्नेहल वापस लौट आई और बोली चलो घर चलें। आनंद स्वाति उसके साथ अपनी की हुई परवरिश पर उठे कई सवाल लिए खामोशी से घर की ओर चल दिए। स्नेहल स्वाति और आनंद जुड़कर भी जुड़ ना सके या कहें अलग होकर भी अलग ना हो सके। यह तय करना हर व्यक्ति के अपने नजरिए में है कि वह क्या समझता है। मगर यह तय है कि परवरिश किसी की किस्मत नहीं बदल सकती। व्यक्ति के अपने संस्कार उस पर सदैव हावी रहते हैं।

१५. देहाड़ी

हथौड़े की चोट से सारा महौल्ला गूंज रहा था। तपती दोपहर में गोपाल देहाड़ी पर लगा हुआ था। एक पुराना घर गिरा कर नई तीन मंजिला ईमारत बनाई जा रही थी। गोपाल और उसके साथी अब्दुल को इस पुराने ढांचे को तोड़ने का काम मिला था। गोपाल को कुछ हल्का सा बुखार भी था। पर वह आराम नहीं कर सकता था। आखिर गरीब का घर दिन भर की देहाड़ी से ही तो चलता है। बुखार की वजह से तेज चमकता सूरज आज उसे परेशान कर रहा था। वरना ये तो उस जैसे मज़दूर का रोज का काम है। अब्दुल ने गोपाल के सूखे होंठ और बहते पसीने को देख कहा... भाई थोड़ी देर आराम कर लो, पानी पी रोटी खा, कुछ देर लेट जाओ यहीं कहीं छाया में। मैं तो कर ही रहा हूं काम और कौन सा आज ही ढह जाएगा ये ढांचा और कल नई ईमारत खड़ी हो जाएगी। जान नहीं प्यारी क्या? ठेकेदार के आने में अभी वक्त है।

गोपाल हांफ रहा था। सो, अब्दुल की बात सुन छाया में जा बैठा। आखिर करता भी क्या बुखार और तेज धूप के कारण हिम्मत जवाब दे रही थी। रोटी भी ला ना सका था। तभी सामने के घर से एक लड़की कुछ खाने का सामान लिए हुए आई और बोली 'बाबा आज घर में पिता जी के श्राद्ध की पूजा थी, ये प्रसाद है आप दोनों खा लिजिएगा'। गोपाल मन ही मन सोच रहा था कि आज इस श्राद्ध के प्रसाद ने उसे बचा लिया वरना बुखार और भूख के चलते उसका श्राद्ध हो जाता। अब्दुल गोपाल के मन की बात भांप, उसकी तरफ देख हल्का सा मुसकुरा उठा। बेटी इस गरीब को बुखार है, हो सके तो कोई बुखार की गोली भी दे दो। अब्दुल ने लड़की की ओर देखते हुए कहा। जी अच्छा, थोड़ी ही देर में वह लड़की गोपाल को बुखार की एक गोली दे गई।

खाना खाने और गोली के असर से गोपाल का बुखार

उतर गया। 'कैसी विडंबना है? बड़ी बड़ी इमारतों को खड़ा करने वाले हम जैसे मज़दूर कितने लाचार और मजबूर हैं, गोपाल ने कहा। हां, मगर इंसानियत मरी नहीं आज भी। अल्लाह अपने बंदों की खबर रखता है, अब्बदुल मुसकुराते हुए बोला।

दोनों काम पर लग गए। शाम ठेकेदार आया और देहाड़ी दे कर चला गया।

१६. पहचान

सुहासिनी प्रातः चार बजे ही उठ गई। उन्हें मां का नाम लिखवाने भेवे जो जाना था। महीना भर हुआ मां को स्वर्गवासी हुए। यूं तो कई रातों से वह ठीक से सो नहीं पा रही थी। उसका अपनी मां से रिश्ता ही बहुत गहरा था। मगर संसार का अपना नियम है। एक वक़्त पर अनचाहे वो व्यक्ति भी चला

जाता है, जिसके बिना आप को लगता है, जीना मुश्किल है। पापा और मोहन जो उसके मामा का लड़का है, ने भेवे.. जो कुरूक्षेत्र के नजदीक है, साथ जाना था। सुहासिनी नहा- धो कर तैयार हो पापा के साथ भेवे के लिए निकल पड़ी। मोहन का घर रास्ते में पड़ता था, तो उसे रास्ते से ही ले लिया। आदमी चला जाता है और रस्में रह जाती है, सुहासिनी ने भर्राई हुई आवाज में कहा। मैं तो आना नहीं चाहता था, पापा बोले। हमारे यहां ऐसा कोई रिवाज नहीं है। हां, मगर पंडित जी ने कहा जाना चाहिए। पंडित जी जिन्हें मां अपना भाई मानती थी और बेहद विश्वास करती थी। यूं भी मां की तरफ तो ये रिवाज था ! मोहन बोला मैं अपने डैडी मम्मी के समय भी गया था।

रिवाज के मुताबिक व्यक्ति के स्वर्गवासी होने के बाद यहां उसका नाम लिखवाया जाता है, जिसमें उस खानदान के सभी नाम होते हैं, पीढ़ी दर पीढ़ी। यूं ही बाते करते सफर तय हो गया। भेवे पंहुच कर वहां के पंडितों ने मां के मोक्ष के लिए रस्म मुताबिक पूजा करवाई, जिसमें पापा को बैठना था। क्योंकि इस पूजा में वही व्यक्ति बैठता है, जो संस्कार करता है। पापा ने सुहासिनी को आवाज लगाते हुए कहा, सुहासिनी तुम भी साथ बैठो। सुहासिनी पापा के साथ पूजा में बैठ गई क्योंकि वह मां के बेहद करीब थी। मां ने हमेशा उसे बेटे जैसे ही देखा। सुहासिनी ने संस्कार में मां को कंधा भी दिया और पिता के साथ अग्नि भी दी ! भेवे आने का आग्रह भी उसी का था। वह मां की अंतिम यात्रा का कोई रिवाज छोड़ना नहीं चाहती थी। खैर पूजा समाप्त होने के बाद नाम लिखने का कार्यक्रम होना था। पापा के गोत्र के मुताबिक ही वहां के पंडित को मां का नाम पोथी में लिखना था। अब वही हुआ पापा के तरफ ये रिवाज न होने से वह रिकार्ड मिल नहीं पा रहा था। कुछ वह पंडित भी लालची था। इतनी दूर आने के बाद बिना नाम लिखवाए वापिस लौटने का सुहासिनी का मन नहीं था। पापा इन्हें बोलो नानी की तरफ मां का नाम लिख दें। तभी

पंडित बोल पड़ा ऐसा नहीं होता पत्नी का अपना कोई गोत्र नहीं होता। पति के गोत्र के मुताबिक ही पत्नी का नाम लिखा जाता है। सुहासिनी मुसकुरा उठी और बोली ये कैसी परंम्परा है क्या शादी होने से मायके से उसका नाम मिट जाता है। उसने मोहन की ओर देखते हुए कहा तू इन्हें अपना गोत्र बता दे। जिसमें नानी और मामा जी का नाम लिखवाया था। हम उसी में मां का नाम लिखवा के जाएंगे। पहले पापा बोले रहने दो, मैं तो पहले ही मना कर रहा था मगर फिर सुहासिनी के आग्रह पर राजी हो गए।

नाम लिखवा सब वापसी के लिए निकल पड़े। मगर सुहासिनी सोच रही थी कि ये कैसी व्यवस्था और रिवाज है जिसमें औरत की अपनी कोई पहचान नहीं। वह औरत जो जननी है, पैदा होने से ले कर मरण उपरान्त तक अपनी पहचान से वंचित रहती है। क्यों उसे उस कुल से अलग कर दिया जाता है जिसमें वह पैदा होती है। आखिर क्यों? उसकी अपनी पहचान नहीं?

१७. फैसला

बहुत रात हो चुकी थी मगर कामिनी की आंखों में नींद नहीं थी ! बिस्तर पर लेटी करवटें बदल रही थी। दिमाग में अब भी संजीव के कर्कश भरे स्वर गूंज रहे थे। आखिर चली क्यों नहीं जाती? तुम यहां से, संजीव ने गुस्से में कामिनी की ओर देखते हुए कहा था। हुआ ये कि, सुबह रोज की तरह कामिनी घर के कामों में व्यस्त थी और संजीव सो रहा था। संजीव रात भर कुछ काम और अपनी मनपंसद फिल्में देखता रहता था और दिन में देर तक सोया रहता। जब कामिनी सोती संजीव जागता रहता और जब वह जागती संजीव के सोने का समय होता। फिर वह दोपहर बाद तैयार हो दफ्तर चला जाता। दोनों में बातचीत बेहद ही कम हो पाती और जो होती वो भी खाने या आने जाने को ले कर। कामिनी को लगने लगा कि उनके रिश्ते का अहसास कहीं मर सा गया है। कामिनी जितनी व्यवस्थित स्वभाव की थी, संजीव उतना ही अव्यवस्थित। दोनों की अपनी अपनी अलग दुनिया थी। एक छत के नीचे कहने को हमसफ़र मगर दो अन्जान हो जैसे। संजीव जब सो के उठा तो कामिनी उसका कमरा ठीक कर रही थी। उसकी अलमारी को व्यवस्थित कर रही थी, संजीव ने आदत के अनुसार सब कुछ उपर नीचे कर रखा था। कामिनी इन सब चीज़ों से पक चुकी थी। संजीव को देख सामान इधर उधर पटकने लगी। संजीव मत छुओ मेरे समान को, इतनी ही परेशान हो तो चली क्यों नहीं जाती? कामिनी के सब जख़्म हरे हो गए, उसकी आंखों से आंसू बह निकले। संजीव तैयार हो गुस्से से बिना कुछ कहे दफ्तर चला गया और अभी तक लौटा नहीं। कामिनी करवटें बदलती यही सोच रही थी कि आखिर संजीव को छोड़ने का फैसला जो वो इतने सालों में नहीं कर पाई, उसे अब वो कर लेना चाहिए। यूं भी उनका रिश्ता दम तोड़ रहा था, वजह तो थी मगर फैसला करने के हौसला नहा कर पा रही थी।

और शायद उनके बीच की खामोशी अब बहाने ढूंढ रही थी। तभी घंटी बजी कामिनी ने दरवाजा खोला और संजीव खामोशी से भीतर आ गया बिना नजरें मिलाए। कामिनी अब भी फैसला लेने की उधेड़बुन में थी। शायद नारी होने की यही विडंबना है। मां बाप, बच्चे, समाज और संजीव, इन सब के होते हुए खुद के बारे में फैसला कर पाना उसके लिए मुश्किल हो जाता है।

१८. कर्मों के भोगी

सुपर्णा एक पढ़ी लिखी समझदार व्यक्तित्व की महिला थी। प्राइवेट कंपनी के एक बहुत ही अच्छे ओहदे पर काम करती थी। मगर घर से ऑफिस और ऑफिस से घर यही उसकी दिनचर्या रहा करती थी। ससुराल अच्छा था मगर कोई खास सहयोग नहीं मिलता था। बल्कि सुपर्णा को ही खामोशी से सास और घर के अन्य सदस्यों की बात माननी पढ़ती थी। मायके में भी कुछ ऐसा ही हाल था भाई अपनी जिम्मेदारियों से मुंह फेर अपनी ही गृहस्थी में मस्त था। सुपर्णा के पिता तो पहले ही चल बसे थे मगर मां का दायित्व सुपर्णा पर ही आ गया था। सुपर्णा की मां को शुगर की बीमारी थी जिसके चलते एक दिन ऐसा आया कि उनकी एक टांग काटनी पड़ गई। अब सुपर्णा के लिए ससुराल में रहते हुए मां की देखभाल करना मुश्किल हो चला था, तो वह ससुराल से अलग हो अपने पति और बेटे के साथ अपनी मां के घर में ही रहने लगी। ज़िंदगी के इन कठिन उतार-चढ़ाव और करीबी लोगों से सहयोग न मिलने के कारण सुपर्णा कहीं अंदर ही अंदर मरती जा रही थी।

समय अपनी उड़ान तो लेता ही है फिर एक दिन सुपर्णा की मां चल बसी। बेटा भी जवान हो गया था। मां की वसीयत के अनुसार सुपर्णा को मां का घर मिला। जिसे बेचकर उसने अपने बेटे को पढ़ने के लिए बाहर भेज दिया। नौकरी छोड़ सुपर्णा घर पर ही बैठ गई। वापस ससुराल में पति के साथ रहना तो शुरू कर दिया मगर कहीं सुपर्णा अंदर से अकेली हो चली थी। जिसके चलते उसके अंदर की कड़वाहट ने डिप्रेशन का रूप ले लिया और वह अपना गुस्सा और झनझनाहट अपने आसपास के लोगों पर निकालने लगी। ससुराल और आसपास के लोग सुपर्णा के इस बदलाव को देखकर बेहद हैरान थे। वे सुपर्णा के संघर्ष के बारे में जानते थे मगर यह कभी कोई सोच नहीं सका कि सुपर्णा जैसी औरत एक दिन डिप्रेशन का शिकार

हो जाएगी और अपनी कड़वाहट इस तरह से निकालेगी।

आज सुपर्णा का बदलाव आसपास के लोगों को पसंद नहीं आ रहा था पर सुपर्णा कहीं अपने अंदर अपने आप से लड़ रही थी। वह अपने हर कदम से अपने आसपास के उन लोगों को तकलीफ पहुंचा कर खुद को शांत करने की कोशिश में थी। मगर वह भी हो नहीं पा रहा था। देखते-देखते पति पत्नी के बीच भी दूरी आ गई और सब बिखरता चला गया। पति ने सुपर्णा को पागल करार दे छोड़ दिया। सुपर्णा के जीवन सफर को देखते हुए यही समझ में आता है कि आदमी अपने कर्मों का भोगी होता है और चाह कर भी आप उसे बदल नहीं सकते। अब सुपर्णा, पति बच्चे ससुराल के होते हुए भी अकेली घर की चारदीवारी तथा अपनी ही खड़ी की हुई दीवारों में खो चुकी थी।

१९. नई करवट

मुंबई शहर की पढ़ी-लिखी लड़की रचना शादी के बाद इंदौर आ गई। शादी के बाद रचना का शहर ही नहीं बदला बल्कि जिंदगी पूरी तरह ही बदल गई। रचना का पति पूरी तरह से अपनी मां के बस में था। शादी की भीड़ भाड़ में जो दो-चार दिन सुकून के निकले बस वही रचना की शादी के बाद के सुनहरे दिन रहे। उसके बाद तो जैसे हर दिन एक जंग बन के रह गया। खुले विचार और माहौल की लड़की चारदीवारी में बंद होकर रह गई। सास ऐसी मिली कि हर बात पर झगड़ा खड़ा हो जाता। यहां तक कि घर पर हाथापाई भी होने लगी। मां की बातों में पति उसे पीट देता। इन्हीं सभी कलह के बीच एक-एक

कर ३ बच्चों को भी पैदा कर डाला। पति और ससुराल वालों को लड़के की बहुत इच्छा थी। आखिर सामाजिक ताना-बाना कुछ ऐसा बना है कि एक बार बेटी मायके से विदा कर दी गई तो वापसी नहीं होती। चाहे अनचाहे ज़िंदगी का आखिरी सफर ससुराल से ही तय करना पड़ता है।

धीरे-धीरे समय बीतता गया रचना के बच्चे जवान हो गए और सास परलोक सिधार गई। सास के जाने से रचना की ज़िंदगी में बदलाव आ गया और वक्त ने एक नई करवट ली। पति अपनी ही दुनिया में गुम रहते थे, सो वह उनकी आदत बन चुकी थी। अब रचना घर से बाहर आने जाने लगी। रचना की दोस्ती प्रदीप से हो गई, प्रदीप के साथ वक्त गुजारना रचना को अच्छा लगने लगा। दोनों की दोस्ती गहरी होती चली गई मगर समाज की बंदिशों के चलते एक अनचाहा सा डर बना रहता था। आखिर समाज की नजरों में उनका रिश्ता नाजायज था। मगर रचना के लिए कई सालों के बाद मिली आजादी और प्रदीप का सहारा जैसे यही एक जायज रिश्ता था। यह उसे अपने होने का एहसास दिलाता था। प्रदीप की अपनी परिस्थितियां थी उसका तलाक शादी के कुछ समय पश्चात ही हो चुका था। रचना के साथ ज़िंदगी तो बिताना चाहता था। किंतु रचना अपने बच्चों से अलग नहीं होना चाहती थी। दोनों की ज़िंदगी यूं ही बटी- बटी हुई चल रही थी।

फिर एक दिन प्रदीप का ट्रांसफर हो गया और उसे बाहर जाना पड़ा। शहरों के फासले ने रचना और प्रदीप के बीच एक फासला खड़ा कर दिया। रचना अपने बच्चों की ज़रूरतों में फिर से खो गई और प्रदीप अपनी नौकरी, अपनी ज़िंदगी में आगे निकल गया। कई बार हालात चाहे अनचाहे ही किसी रिश्ते में जोड़ देते हैं और फिर बदलते हालातों के हाथ ज़िंदगी नया मोड़ लेती चली जाती है। वक्त हर पल एक नई करवट लेता है।

२०. स्वप्न का खजाना

छोटे से गांव केशवपुर में रहने वाले शंभूनाथ को एक दिन रात्रि में सपना आया कि उसके खेत के किसी हिस्से में खजाना दबा है। बस वे बेचैन हो उठा। शंभूनाथ यूं तो किसान का बेटा था मगर बेहद ही आलसी था। शंभूनाथ के पिता उसे समझाते रहते थे कि किसान का कर्म मेहनत करना और खेत जोतना है। उसका कार्य ही उसके जीवन को सार्थक करता है। मगर अपने पिता के जीवन काल में उसने उनकी बात का कोई मोल ना रखा। घर में बच्चे और स्त्री भी इसी बात से दुखी थे। मगर रात को आए खजाने वाले स्वप्न के पश्चात शंभूनाथ सारी रात सो ना सका और सुबह सवेरे ही खेत की ओर निकल पड़ा। वह इस उलझन में था कि आखिर खजाना खेत के किस हिस्से में दबा है ताकि केवल उसी हिस्से को खोजें। कभी मेहनत ना करने की वजह से उसके खेत की भूमि बंजर हो चुकी थी। किसी की मदद लेना भी वह उचित नहीं समझ रहा था कि कोई खजाने में हिस्सा ना मांग ले।

उसने अकेले ही खेत खोदने की ठान ली और शुरू हो गया। असल में उसने सुना था कि अमृत वेले से पहले आया हुआ स्वप्न सही साबित होता है। बस लालच ने शंभूनाथ को खेत खोदने के लिए प्रेरित किया। उस दिन सुबह तड़के से ही वह खेत खोदने लगा और दिन भर लगा रहा। गांव के लोग भी यह देख हैरान थे कि शंभूनाथ को रात की रात में क्या हो गया। दिन भर की मेहनत ने उसे थका दिया, अभी वह कुछ भाग ही खोद पाया था। रात जब वह घर पहुंचा तो उसने सपने वाली बात पत्नी तथा बच्चों को बताई। वह समझ गया था कि अकेले खेत खोदना उसके बस में नहीं। उसकी बात सुन पत्नी मुसकुरा दी। शंभूनाथ ने कहा मुझे तुम लोगों का साथ चाहिए खजाना ढूंढने में, पत्नी और बच्चों ने हां कर दी।

बस फिर अगले दिन से सभी परिवार के सदस्य शंभूनाथ

के साथ खेत खोजने में लग गए। दो-चार दिन में पूरा खेत खोद डाला मगर कुछ हाथ नहीं लगा। शंभूनाथ बेहद निराश हो बोला सपने झूठे होते हैं। यूं ही इतनी मेहनत कर डाली। तब उसकी पत्नी बोली स्वामी इस खुदे हुए खेत पर यदि आप खेती करना शुरू कर दें, तो यह निश्चित ही आपको खजाना देगी। स्वप्न गलत नहीं था, आपका लालच गलत था। हर सपने के पीछे एक संदेश होता है और उसे समझना तथा यथार्थ बनाना स्वयं व्यक्ति के हाथ में होता है।

पत्नी की बातें सुन शंभूनाथ को यथार्थ का ज्ञान हुआ और वह संपूर्ण परिवार के साथ अपने खेत को जोतने लगा ताकि वह अपने सपनों को सच कर सके। शंभूनाथ की मेहनत रंग लाई और उसका खेत लहलहा उठा। शंभूनाथ अपने और परिवार की मेहनत से प्राप्त खजाने को पाकर खुश था। अब उसका जीवन बदल चुका था तथा परिवार सुखी और खुशहाल था।

२१. हमसफ़र

सुबह का वक्त प्रभा पूजा कर रही थी। मगर उसका ध्यान नहीं लग पा रहा था। कल ही उसे पता चला कि उसे छाती का कैंसर है। मन विचलित था.. कि आखिर यह सब उसके साथ क्यों हो रहा है? आंखों से आंसू थमने का नाम नहीं ले रहे थे। वह ईश्वर से जाना चाहती थी, कि यह उसके किस कर्म का फल है? उसने तो कभी किसी का बुरा नहीं किया। शायद आज उसका ईश्वर के प्रति विश्वास डगमगा गया था। मनुष्य स्वभाव ऐसा ही है जब तक सब ठीक हो रहा हो तो आस्था बनी रहती है जैसे ही कोई विपत्ति आई नहीं कि सवालों का सिलसिला शुरू हो जाता है। प्रभा कहां हो तुम? आमोद की परेशान आवाज बेडरूम से आई। जिसका प्रभा जवाब दे नहीं पा रही थी।

आमोद प्रभा को ढूंढता हुआ बाहर आ गया। सुबह के ४:०० बजे बिस्तर पर प्रभा को ना पा कर परेशान हो गया। कल प्रभा की बीमारी का जानकर वह भी व्याकुल तथा सकते में आ गया था। प्रभा को घर के मंदिर में पा कर उस ने राहत की सांस ली। प्रभा क्या हुआ? हिम्मत से काम लो, मैं तुम्हारे साथ हूं। कुछ चीज़ें हमारी समझ से पार होती हैं। ईश्वर पर भरोसा मत छोड़ो। आगे का सफर भी निकल जाएगा। प्रभा आमोद के गले लग फूट-फूटकर रो पड़ी। ३ बच्चे होने के बावजूद भी इस घड़ी में मैं खुद को बेबस महसूस कर रही थी। सभी बच्चे जवान होते ही अपने अपने काम से अलग-अलग शहर में जा बसे थे। सभी अपनी अपनी ज़िंदगी में मसरूफ भी थे। अगर कोई साथा तो, आमोद उसका हमसफ़र।

प्रभा सोच रही थी कैसे एक लंबा सफर दोनों ने साथ मिलकर तय किया। बच्चे बड़े होते ही अपने सफर पर निकल गए। मगर वह दोनों आज भी वही खड़े हैं जहां से शुरू हुए थे। देखो प्रभा विश्वास और हिम्मत बहुत बड़ी ताकत होती है।

ज़रूर कहीं जाने अनजाने में हमसे कोई भूल हो गई होगी। ज़िंदगी उतार-चढ़ाव का ही नाम है। हम एक दूसरे के सुख दुख के साथी हैं। ज़िंदगी लंबी नहीं अच्छी होनी चाहिए। अब हम अपनी ज़िंदगी को भरपूर जिएंगे। हिम्मत रखोगी तो तुम्हारी बीमारी भी तुम्हारे आगे हार मान लेगी। हम दोनों यह सफर हंसते-हंसते तय करेंगे। देखो सूर्य का प्रकाश हो चला है। ज़िंदगी का नया आरंभ ...चलो चाय पिए फिर आगे की तैयारी। आमोद की आंखों में प्यार और विश्वास देख मुसकुरा उठी। तुम साथ हो तो मुझे ज़िंदगी का हर फैसला मंजूर है प्रभा ने कहा। परमात्मा भली करेगा, आमोद ने प्रभा का माथा चूम लिया। दोनों हाथों में हाथ लिए किचन की ओर चाय के लिए चल दिए।

२२. होश

एक उम्र होती है जब चाहे लड़का हो या लड़की अपने वजूद की तलाश रहती है। स्कूल खत्म करते ही जवानी का सफ़र और कॉलेज की मस्ती दोनों ही का एक अपना सरूर होता है। इस उम्र का कुछ ऐसा नशा होता है की लगता है जमाने की सब बंदिशों को तोड़ उसे कुछ अलग कर खुद को साबित करना है। तमन्ना में भी कुछ ऐसा ही जोश था। स्कूल खत्म होने के बाद पढ़ाई के लिए विदेश चली गई। मां बाप उसकी खुशी चाहते थे इसलिए उसे विदेश जाने दिया।

यूं तो तमन्ना अपनी पढ़ाई को लेकर गंभीर थी मगर जवानी और दोस्तों की सोहबत में कुछ ऐसी चीज़ उस पर हावी होने लगी जो उसे मां बाप और घर से दूर करती चली गई। तमन्ना फैशन डिजाइनिंग की पढ़ाई करने के लिए लंदन चली गई थी। मां बाप से बात करने में कतराने लगी। कई-कई दिन फोन पर बात नहीं होती थी। शायद इस उम्र के हर लड़के लड़की को कुछ स्पेस चाहिए होती है जो सिर्फ और सिर्फ उसकी हो। जाने अनजाने मां-बाप की हर सलाह रोक-टोक जहर लगने लगती है और घर एक कैदखाना।

दो साल बाद घर वापस लौट कर वह यह समझ नहीं पा रहा थी। आखिर क्या सही है। दो सभ्यताओं में उलझ कर रह गई थी ज़िंदगी। वहां की आजादी वेशभूषा खानपान सब अलग था और यहां सब उसके विपरीत। तमन्ना एक मानसिक तनाव के दौर से गुजर रही थी। अपने आप को संभाल पाना मुश्किल हो रहा था। एक दिन उसकी अपनी मां से कहासुनी हो गई और तमन्ना ने अपनी मां को चुप कराने के लिए मां के मुंह पर हाथ रख दिया। उसे पता नहीं चला कि कब दबाव बढ़ता गया। उसकी मां की सांसें उखड़ने लगीं.. आंखों के आगे अंधेरा आने लगा। मगर वह फिर भी यही सोच रही थी कि तमन्ना का उठाया यह कदम उसकी ज़िंदगी खराब ना कर

दे। अचानक तमन्ना को एहसास हुआ कि मां की सांसे उखड़ रही हैं। वह जल्दी से भागकर मां के लिए पानी लाई और मां को संभालने लगी। तमन्ना अपने आप में नहीं थी। मानसिक संतुलन ना होने की स्थिति में इंसान बेकाबू हो जाता है। ज़िंदगी की परिस्थितियां हर पल बदलती हैं और उसके साथ आदमी का स्वभाव और सोच भी। ज़रूरी होता है अपने आप और अपनों से जुड़े रहना। तमन्ना को अहसास था कि उससे कुछ गलत हो रहा है और बस यही एहसास उसे वापस होश में ले आया।

२३. एक क्षण

रोशन अंधेरे कमरे में बैठे हुए सामने लगी अपनी और नेहा की तस्वीर पर नजर जमाए हुए था। हालांकि अंधेरा होने की वजह से तस्वीर में कुछ साफ दिखाई नहीं दे रहा था। पर शायद अतीत की यादें उसके सामने ताजा होने लगी थी। आज वह स्नेहा को बहुत ज्यादा मिस कर रहा था। ६ साल का गहरा रिश्ता एक दिन अचानक यूं ही खत्म हो गया। पर यादों का क्या है कभी भी ताजा हो सकती हैं। ना उन्हें कोई जुदा कर सकता है और ना ही कोई छीन सकता है।

ऐसा नहीं है कि नेहा से रिश्ता टूटने के बाद रोशन अपनी ज़िंदगी में आगे नहीं बढ़ा मगर कभी किसी खास समय और हालातों में वही लोग याद आते हैं जो दिल के सबसे करीब होते हैं। रोशन खुद को बहुत अकेला महसूस कर रहा था। नेहा से उसकी मुलाकात थिएटर के दौरान हुई थी। दोनों में दोस्ती हुई और फिर प्यार। शादी नहीं की मगर ४ साल साथ में ही रहे। साथ रहने के दौरान दोनों को एक दूसरे को जानने और समझने का बेहतर मौका मिला। मगर कुछ बातों ने उनके बीच दूरी पैदा कर दी और यूं ही उनका रिश्ता खत्म हो गया। दोनों की राहें जुदा हो गई। वह दोनों अपनी अपनी ज़िंदगी में मसरूफ हो गए।

रोशन स्टेज का एक बेहतरीन कलाकार था मगर साथ ही वह इंजीनियरिंग की नौकरी भी करता था। स्टेज उसका शौक था ऑफिस की पॉलिटिक्स और स्टेज की दुनिया के लोगों की भीड़ भाड़ खींचातानी से टूटकर जब घर लौटता तो घर के अकेलेपन और ज़िंदगी के सुन्नपन से घबरा उठता। रोशन की ज़िंदगी एक अंधेरे में डूबती जा रही थी जो कहीं ना कहीं उसके तनाव का एक बड़ा कारण बनती जा रही थी। यूं तो उसके आसपास बहुत से दोस्त है मगर वह अपने दिल की बात किसी से कह नहीं पा रहा था। तन्हाइयों में अक्सर यही सोचता कि जाने कब यह सफर खत्म होगा।

उस दिन रोशन का जन्मदिन था शायद यही वजह थी कि आज उसे नेहा की याद कुछ खास ही सता रही थी। नेहा उसके इस दिन को यादगार बना देती थी। मगर आज वह अकेले इस अंधेरे कमरे में सिर्फ उन यादों का सहारा लिए बैठा था। जाने क्या हुआ अचानक रोशन उठा और कमरे के पंखे से लटककर झूल गया। उसी क्षण ने रोशन की ज़िंदगी का सफर वहीं खत्म कर दिया। रोशन के दोस्त जब उसके घर जन्मदिन की मुबारक देने के लिए पहुंचे तो उन्होंने रोशन को पंखे से झूलता पाया। कोई नहीं समझ पाया कि कब रोशन की ज़िंदगी की रोशनी अंधकार में बदल गई। जिसके तनाव में उसने आत्महत्या जैसा कदम उठाया। रोशन तो चला गया मगर पीछे कई सारे ज़िंदगी से जुड़े सवाल छोड़ गया।

२४. जुनून

राहुल थोड़ा आहिस्ता चलो, क्यों तुम्हें हमेशा जल्दी रहती है... विजेता ने कहा। घर ही तो पहुंचना है अब। कार की रफ्तार बहुत तेज थी। रात १२:०० बज चुके थे, राहुल और विजेता एक पार्टी से घर वापसी पर थे। कार में खामोशी फैली थी। विजेता ने रेडियो चला दिया। उसे पुराने गाने सुनने और गुनगुनाना बेहद पसंद था। राहुल और उसके बीच की खामोशी भी उसे कहीं खल रही थी। उस वक्त सोचा करती, क्या राहुल वही शख़्स है जिसे उसके और अपने दरमियान से हवा का गुजरना भी गवारा नहीं था? कितना पागल था वह उसे पाने के लिए। कैसे-कैसे जतन किया करता था, उसे खुश रखने के। घंटों फोन पर दोनों का बातें करना, दिन में एक बार नहीं कई कई बार। विजेता राहुल से उम्र में साल भर बड़ी भी थी। राहुल ने अपने घरवालों को रजामंद कर लिया था।

क्या हुआ तेरा वादा वो कसम वो इरादा ...रेडियो पर गाना बज रहा था। विजेता अतीत में डूबती चली गई। विजेता को अपनी ही गली का एक लड़का हितेश बेहद ही पसंद था। दोनों ही एक दूसरे को चाहते थे सगाई भी की मगर हितेश को लगता था कि वह अभी शादी के लिए तैयार नहीं है। वह अपने करियर को बनाने के लिए विदेश चला गया। उन्हीं दिनों राहुल से विजेता की दोस्ती हुई। राहुल विजेता को चाहने लगा। उसे विजेता की हर बात अच्छी लगती थी। विजेता खुशमिजाज बेबाक थी। करियर और पैसे के लालच ने उसे देश वापस आने ना दिया। राहुल विजेता और हितेश के बारे में जानता था मगर फिर भी विजेता से शादी कर उसे पाना चाहता था। विजेता ने राहुल से शादी कर ली।

विजेता राहुल को दिलों जान से चाहने लगी। अब राहुल ही उसकी हकीकत था। मगर फिर समय और ज़रूरत के साथ राहुल भी अपने बिजनेस में व्यस्त हो गया। जो बेबाकी उसे

विजेता की कभी पसंद थी, आज चुभने लगी। आज उसे विजेता से सिर्फ शिकायतें थी। जब कभी दोनों में कहासुनी होती तो राहुल यही कहता तुमने मुझे कभी चाहा ही नहीं। शायद वह विजेता और हितेश के अतीत को कभी अपने जहन से निकाल नहीं पाया था। राहुल केवल जिद में विजेता को अपनाना चाहता था... शायद वह सिर्फ आकर्षण मात्र ही था जिसे वह मोहब्बत समझ बैठा था, ऐसे बहुत से 'शायद' थे उन दोनों के बीच। विजेता ने उससे मोहब्बत ना भी की हो तो क्या, राहुल ने तो की थी। वह यह कैसे भूल गया? दोनों के बीच आज खामोशी क्यों हैं? तभी जोर से ब्रेक लगी और विजेता चौंक गई। घर आ चुका था।

२५. सपना

सोफे पर लेटी सपना छत पर लगे पंखे को घूमता देखकर सोच रही थी कि ज़िंदगी का चक्कर भी कुछ ऐसा ही होता है। सब कुछ इसी तरह से अपने आसपास घटित होता है। जितना भी घूम लो आदमी फिर वहीं आ पहुंचता है जहां से चलना शुरू हुआ था। कई बार सब जानते हुए भी व्यक्ति अनजान बना रहना चाहता है। इतने में दरवाजे की घंटी बजी और सपना चौंक गई। अनिल का इंतजार करते-करते वह कब विचारों में खो गई पता ही नहीं चला था। घड़ी की तरफ देखा तो रात के १२:०० बज चुके थे। एक बार फिर घंटी बजी। सपना दरवाजे की तरफ बड़ी, दरवाजे पर अनिल ही था। खाना खाओगे या नहीं, सपना ने पूछा। नहीं, मीटिंग में देर हो गई तो वही खा लिया। सपना ने किचन का सामान संभाल लिया और अपने कमरे में सोने चली गई। अनिल कंप्यूटर पर अपने काम में व्यस्त हो गया। कई सालों से ऐसे ही चल रहा था। शादी के कुछ समय तक तो सपना ने साथ खाने के लिए अनिल का बहुत इंतजार किया मगर जब अनिल की बेपरवाही और आदत नहीं बदली तो कब सब छूट गया पता ही ना चला। शायद पैसे और कामयाबी की भूख व्यक्ति को किसी और के लिए वक्त देती ही नहीं। खामोशी और अकेलापन सपना की ज़िंदगी का हिस्सा बन चुके थे। मगर महफिल में उसी के ठहाके गूंजते थे। ज़िंदगी को मुसकुरा कर जीने की ठानी थी।

सपना की अपनी एक अलग ही दुनिया थी। प्यार विश्वास से भरी। शायद यही उसके नाम को सार्थक करती थी। इसी दौरान उसकी मित्रता करण से हुई। बहुत ही हंसमुख स्वभाव का था। जैसे-जैसे समय बीतता गया दोस्ती गहरी होती गई। अब अनिल के अनुपस्थिति में सपना का अधिकांश समय करण के साथ ही बीतने लगा। साथ घूमना खाना हंसना खेलना, उसकी हर ज़रूरत का ध्यान रखता था और उस पर अपना

हक भी जताता था। शायद सपना को एक ऐसी ही मोहब्बत की चाहत थी। इसलिए वह कई बार उसके बोले जाने वाले झूठों को भी नजरअंदाज कर देती थी। वह जानती थी कि वह कहानीबाज है और हर छोटी बात पर अपने घर वालों और सपना को एक नई कहानी सुना देता है। मगर उसे खुश रखता था। झूठ और कपट का अंत कभी ना कभी तो होता ही है। एक दिन सपना को पता चल ही गया की करण की ज़िंदगी में उसकी बीवी के अलावा कोई और औरत भी है। करण बहुत ही शातिर था उसकी बातों में कशिश थी। जिसमें सपना बह गई या शायद वह अपने ही सपनों को कुछ समय के लिए ही सही जीना चाहती थी। उसे लगा इसमें करण की क्या गलती है। शायद वह सपना जैसी औरतों के सपनों को पढ़ना जानता है। हां, उसे प्यार शब्द से खेलना नहीं चाहिए। करण की हकीकत ने सपना के सपने को तोड़ दिया और ज़िंदगी फिर एक बार घूम कर वहीं आ गई, जहां से शुरू हुई थी।

२६. अधूरापन

झील के किनारे नीला बैठी हुई पानी की कल कल की मधुर आवाज का आनंद ले रही थी। तभी पीछे से बंटी ने आवाज दी, नीला अब अंदर आ जाओ। सूरज ढल चुका है और ठंड भी पड़ गई है। नीला और बंटी ४ दिन के लिए नैनीताल घूमने आए थे। नैनी झील के पास ही होटल बुक किया था। बंटी की आवाज सुन नीला उठी और उसका हाथा में होटल की ओर चल दी। नीला और बंटी आज भी यह समझ नहीं पा रहे थे, कि ऐसी क्या बात है दोनों के बीच जिसने उन्हें चाहे अनचाहे एक दूसरे के इतने करीब कर दिया है कि उन्हें समाज की परवाह भी नहीं रही है।

नीला शादी के २० साल गुजर जाने के बाद भी प्रमोद के साथ रिश्ता जोड़ नहीं पाई थी। उसके और प्रमोद के बीच एक अनचाही अजीब सी खामोशी थी। जिसने कभी उन्हें करीब होने नहीं दिया। कारण प्रमोद का स्वभाव था। वह शुरू से ही हर छोटी छोटी बात पर नीला से खफा हो कई-कई महीने बात नहीं करता था। धीरे-धीरे नीला इन सब बातों की आदी होती चली गई। अब उसे प्रमोद के होने या ना होने से कोई फर्क नहीं पड़ता था। यही हाल बंटी की शादीशुदा ज़िंदगी का था। उसकी शादी को इस साल २५ वर्ष पूरे होने वाले थे मगर वह आज भी संगीता से जुड़ नहीं सका। शायद इन्हीं हालातों ने नीला और बंटी को एक दूसरे से जोड़ दिया। मौका मिलते ही दोनों अपनी अनजानी दुनिया में खो जाते। एक दूसरे के साथ वे खुद को पूरा महसूस करते थे पर समाज के दायरों के आगे मजबूर थे। अपनी खुशी के लिए बहुत सी ज़िंदगियों के साथ खेलना उन्हें गवारा नहीं था। इसलिए चोरी से मिले पलों को ही भरपूर जी लेते थे।

देखते देखते कई साल बीत गए। बंटी और नीला का लगाव उम्र के साथ बढ़ता ही गया। शायद इस की वजह

सामाजिक बंधन का ना होना था। दोनों एक दूसरे से दिल से तो स्वतंत्र व्यक्तियों की तरह जुड़े थे। जिसने उनके रिश्ते की ताजगी को बनाए रखा था। फिर एक दिन नीला बहुत बीमार पड़ गई। बंटी चाह कर भी उसे मिल नहीं पा रहा था। आज उसे अपने सामाजिक रिश्ते के नाम की ज़रूरत महसूस हो रही थी। वह नीला से पूरे हक के साथ मिलना चाहता था मगर मजबूर था। अगले दिन नीला चल बसी और बंटी टूट गया।

वह नीला के जनाजे को दूर से निहारता रहा और सोचता रहा क्या उसका और नीला का रिश्ता भी अधूरा रहा? जिसके साथ उसे पूरे होने का एहसास होता था। आदमी सभी को खुश रखने के चक्कर में कभी पूरी ज़िंदगी जी नहीं पाता, कुछ अधूरापन रह ही जाता है।

२७. मर्यादा

दरवाजे पर घंटी बजने पर कल्पना बिस्तर से उठ दरवाजा खोलने के लिए अपने कमरे से बाहर निकली। सामने अमित को देख कुछ चौंक गई। तुम इतनी सुबह, सब ठीक तो है ना? अरे मुझे अंदर तो आने दो या सब यहीं दरवाजे पर ही कह सुन लोगी....अमित ने हल्की मुस्कान देते हुए कहा। अच्छा आओ अंदर... मैं जरा मुंह धो कर आती हूं तुम बैठो, चाहो तो टीवी चला लो, कहकर कल्पना बाथरूम की तरफ चली गई। अमित सोफे पर आंखें बंद सोच रहा था कि उसका और कल्पना का रिश्ता इतना मजबूत है कि दोनों एक दूसरे से कुछ भी कह सुन लेते हैं और दिल हल्का कर सकून महसूस करते हैं। कॉलेज के समय की दोस्ती आज भी वैसे ही बरकरार है। कल्पना दिल्ली पढ़ने आई थी। उसे नौकरी भी यहीं मिल गई तब से यहीं अकेले रह रही थी। परिवार और आस पड़ोस के कई लोग कई तरह की बातें भी करते थे मगर दोनों ने कभी परवाह नहीं की। विश्वास से भरा उनका दोस्ती का रिश्ता लिंगभेद से ऊपर हटकर था।

अरे सो गए क्या? कल्पना ने अमित को छेड़ते हुए कहा। क्या खाओगे नाश्ते में? जो तुम खिला दो। कल्पना किचन में जा नाश्ता बनाने लगी। अमित सोफे से उठ किचन में आ गया। मैं कुछ मदद करूं... नहीं आमलेट ही बना रही हूं, साथ में चाय और ब्रेड, कुछ खास काम नहीं है। तुम कहो, क्या हुआ? कोई परेशानी है क्या? नहीं मां पापा ने मेरे लिए एक लड़की देखी है। समझ नहीं पा रहा हूं हां करूं या नहीं। क्या वह तुम्हारे और मेरे रिश्ते को समझ पाएगी? मुझे संशय है। कल्पना ने अमित की तरफ देखा और मुसकुरा दी। चलो नाश्ता करें, सब तैयार है।

अमित, क्या आदमी औरत के बीच एक ही रिश्ता होता है? हम दोस्त हैं। हर रिश्ते की अपनी सीमा होती है। हमें किसी

को कुछ प्रमाण देने की ज़रूरत नहीं है। तुम अपनी होने वाली बीवी से मुझे पहले मिलवा देना, यह हमारा दायित्व है कि वह हमारे रिश्ते से असुरक्षित महसूस ना करे। मैं दोस्त हूं तुम्हारी मगर वह जीवनसंगिनी। तुम्हें उसकी जगह और मान बनाए रखना होगा। मुझे नहीं लगता कोई भी समझदार औरत हमारी दोस्ती पर ऐतराज करेगी। यही बात तुम्हें भी समझनी होगी। बताओ फिर कब मिलवा रहे हो? अपनी संगिनी से.... कल्पना खिलखिला उठी। अब हम तीन होने जा रहे हैं। मैं उसे भी अपना दोस्त बना लूंगी देखना कहीं तुम असुरक्षित महसूस ना करने लगो। अमित भी हंस पड़ा।

कल्पना और अमित जानते थे कि समाज की सोच संकीर्ण है मगर उन्हें अपनी दोस्ती पर अटूट विश्वास और मर्यादा के दायरे की पहचान थी। हर रिश्ते की नीव विश्वास रखने पर आधारित होती है, जिसके चारों तरफ मर्यादा का दायरा होता है। अमित कल्पना से बात कर हल्का महसूस करने लगा। चलो नाश्ता हो गया, अब मैं चलता हूं। जल्द ही तुम्हें अपनी संगिनी से मिलवा दूंगा। बाय, कल्पना ने मीठी सी मुस्कान के साथ अमित को विदा किया।

२८. लोकतंत्र की मार

कैसे हैं मोहम्मद भाई? शर्मा जी ने दूर से ही आवाज लगाई। शुक्र है खुदा का भाई जान... मोहम्मद भाई मुसकुराते हुए बोले। बहुत अच्छे से मोहम्मद भाई और शर्मा जी एक ही मोहल्ले में रहते थे दोनों में अच्छी जान पहचान थी। गली से गुजरते दुआ सलाम होती ही थी। क्या खबर छपी है? आज पेपर में, शर्मा जी ने पूछा। भाई जान अब कुछ खबर कहां छपती है। हर तरफ हाहाकार फैली है और मीडिया बिकाऊ हो चला है। सही कह रहे हैं आप ...लोकतंत्र सिर्फ नाम भर का है। जाने लोग किस ओर जा रहे हैं? राजनीति का स्तर गिर गया है। उठने वाली हर आवाज को दबा दिया जाता है। ईश्वर इन्हें राह दिखाएं... आमीन, कहकर मोहम्मद मुसकुरा उठे। शर्मा जी गली से निकल गए, आज उन्हें अपनी बेटी के ससुराल जाना था। शादी का कार्ड देने के लिए। शादी की तारीख पास आ चुकी थी उसी सिलसिले में बाजार से कुछ सामान लेने निकले थे। बैंकों में पैसा होते हुए भी अपने ही पैसे को बहुत ही ऐहतियात से खर्च करना पड़ रहा था। हर समय डर के साए में गुजरता, जाने कब कोई नया कानून आ जाए।

आदमी का सुकून तो खत्म हो ही चुका है, मौजुदा हालात में शर्मा जी को ठंडी हवा में भी पसीना आ रहा था। महंगाई ने आसमान छू रखा है... हर तरफ से आदमी परेशान है। मोहम्मद ठीक ही कह रहा है खबर छपती ही कहां है, सब बिकाऊ है। लोकतंत्र का कत्ल हो रहा है। इन्हीं सब बातों में खोए शर्मा जी को पीछे से आती कार का हार्न सुनाई नहीं दिया और वे टकरा गए। जान तो बच गई मगर टांग पर गिरने की वजह से चोट आ गई। लोगों की भीड़ इकट्ठी हो गई सब कार चालक को बुरा भला कहने लगे। शर्मा जी बोले गलती मेरी है, मैं खयालों में गुम था। कार चलाने वाले लड़के ने शर्मा जी से माफी मांगी और उन्हें कार में बिठा डॉक्टर से पट्टी करवा कर घर छोड़ दिया।

मोहम्मद.. शर्मा जी को कार से इस हालत में उतरता देख उनकी तरफ बड़े... अरे भाई जान, यह कैसे हुआ? शर्मा जी दर्द भरी आवाज में बोले ..मोहम्मद भाई यह लोकतंत्र की मार है। मोहम्मद भाई शर्मा जी को घर के अंदर ले आए। पत्नी और बेटी उन्हें इस हालत में देख घबरा गए। भाभी जान आप घबराएं नहीं, एक दो रोज में ठीक हो जाएंगे शर्मा जी। तब तक आप हमें बताएं क्या काम करना है। बिटिया की शादी का काम रुकने नहीं देंगे। राजनेता कितना भी खेल खेल लें मगर दिलों के भाईचारे यूं ही खत्म नहीं होते, मोहम्मद भाई ने शर्मा जी की ओर देखते हुए कहा। हम बिटिया के चाचा जान हैं। सभी खिलखिला उठे।

२९. पैसे का खेल

पार्लर की कुर्सी पर बैठी अंजलि अदिति के बाहर आने का इंतजार कर रही थी। इतना बड़ा पार्लर.. लोग आ रहे थे, जा रहे थे। अंजली सोच रही थी कि पैसा कैसे खेलता है? यह पैसा ही तो है कि लोग नाखून बनाने और सजने सवरने तक के लिए घंटों का समय निकाल हजारों रुपए का खर्च कर रहे हैं। बात किस्मत की भी है। कुछ ऐसे लोग भी हैं जिन्हें नहाने पीने का पानी नसीब नहीं। कुदरत ने हर एक को उसके कर्मों के मुताबिक जन्नत या ज़हननुम नसीब की है। तभी आदिति बाहर आई और बोली चलो अंजलि हो गया। दोनों पार्लर से बाहर निकल आईं। मुझे तो भूख लगी है अंजलि की ओर देखते हुए अदिति ने कहा... कुछ खा लेते हैं फिर घर चलेंगे। जैसा तुम ठीक समझो, अंजलि ने कहा।

अंजलि और अदिति एक रेस्टोरेंट की तरफ चल पड़े। बहुत ही सुंदर सजावट, देखने भर से ही महंगा लग रहा था। असल में अंजली एक मध्यम परिवार से थी और अदिति बेहद संपन्न परिवार से, मगर दोनों की दोस्ती बचपन से थी। अंजलि को ऐसी जगह देखने का मौका अदिति के साथ ही मिल पाता था। अंजलि रेस्टोरेंट में बैठे लोगों को ध्यान से देख रही थी। क्या खाओगी? अदिति ने पूछा... जो तुम ठीक समझो मंगवा लो मुझे कुछ खास भूख नहीं है। अरे ऐसे कैसे, अच्छा चलो मैं ही कुछ मंगवा लेती हूं मगर तुम्हें खाना होगा...अदिति ने जोर देते हुए कहा। थोड़ी देर में खाना आ गया। दोनों ने खाना खाया, बिल कुछ १५०० का बना था। अदिति ने पर्स से कार्ड निकाल वेटर को दे दिया। जैसे ही दोनों बाहर निकल गाड़ी की ओर बढ़ रहीं थी कि १० साल का बच्चा उनके समीप आ रुक गया। बहुत भूख लगी है दीदी कुछ खिला दो। मैले कपड़े पहने मगर रंग गोरा था उस लड़के का। अंजलि ने अदिति की तरफ देखा, अदिति मुस्कुराई और बच्चे को देखते हुए बोली

बताओ क्या खाओगे? बच्चे ने सामने दिख रहे बर्गर की फोटो की तरफ इशारा कर दिया। अदिति ने अंजलि को पैसे देते हुए कहा तुम इसे बर्गर लेकर दो मैं गाड़ी यहीं लाती हूं।

अंजलि बच्चे को साथ ले बर्गर दिलाने चल पड़ी। क्या नाम है तुम्हारा? अनिल, बच्चे ने बड़ी मासूमियत से जवाब दिया। स्कूल नहीं जाते? नहीं, मां के साथ लाल बत्ती पर सामान बेचने आता हूं। अंजलि ने बच्चे को बर्गर दिलवाया तभी अदिति गाड़ी लेकर आ गई। अंजलि गाड़ी में बैठी और बच्चे को हाथ मिलाए बाई किया। बच्चा मुसकुरा दिया और जोर से चिल्लाया... बाय दीदी। अंजलि और अदिति खिलखिला उठीं, जैसे कुछ अनमोल सा छू गया हो। अंजलि ने मन में सोचा पैसे का खेल आदमी के हाथ में है, जैसे चाहे खेल ले।

३०. असली वसीयत

कमला जरा एक गिलास पानी तो देना सुभाष ने आवाज लगाई। कमला रसोई से पानी का गिलास लाते हुए बाहर आई और पानी का गिलास सुभाष को थमा, साथ की कुर्सी में बैठते हुए बोली ...वकील से बात हुई क्या आपकी? नहीं, आज उससे मुलाकात नहीं हो पाई। वह किसी केस में व्यस्त था... सुभाष ने उत्तर दिया। सारी उम्र की भागदौड़ के बाद आज जो जमा पूंजी बन पाई है अब उसकी वसीयत करने का समय आ गया, सुभाष ने थकी हुई आवाज में कहा।

सुभाष और कमला के तीन बच्चे थे दो बेटे और एक बेटी। बहुत ही मेहनत से तीनों बच्चों की परवरिश की थी दोनों ने। सभी बच्चे पढ़ लिखकर अच्छे ओहदों पर लगे हुए थे तथा विवाहित हो चुके थे। सबसे बड़ा लड़का पुणे में और छोटा वहीं थोड़ी दूरी पर रहता था। मझली बेटी वही माता पिता ने अपने शहर में ही ब्याही हुई थी, सो वह भी नजदीक ही थी। कमला और सुभाष अपने परिवारिक जिम्मेदारियों से मुक्त हो चुके थे। सुभाष ने रिटायर होने के पश्चात अपने होशो हवास में अपनी वसीयत करने की सोची, जिससे बाद में बच्चों के बीच मनमुटाव ना हो। कमला को भी कैंसर की बीमारी थी इसलिए उसकी ज़िंदगी का भी कोई भरोसा ना था।

सुभाष ने बहुत सोच के वसीयत बनाने का फैसला किया था। वह जानता था कि चाहे उसके बच्चे कितने ही अच्छे हों और परवाह दिखाते हो मगर उनके सुख-दुख की साथी उनकी मझली बेटी ही थी जो उनका ख्याल रखती थी। बाकी सभी अपनी अपनी ज़िंदगी में व्यस्त थे। कमला से सलाह कर सुभाष ने सभी संपत्ति और जमा पूंजी को तीनों बच्चों में बराबर बराबर बांटने और वसीयत बनाने का निश्चय किया। जिसके अनुसार उनकी मृत्यु के पश्चात उनके तीनों बच्चे संपत्ति के बराबर के हिस्सेदार होंगे मगर उनके दाह संस्कार का अधिकार

केवल मझली बेटी का होगा। कमला और सुभाष को लगता था कि असली वसीयत वही है जिसमें यह दर्ज किया जाए कि मरणोपरांत वह किसके हाथों से मुक्ति पाना चाहते हैं। अगले दिन सुबह जल्दी सुभाष वकील को मिलने चला गया ताकि वह अपनी वसीयत को सही समय पर बना सके।

३१. लुटेरे

गली के मोड़ पर राम दुलारे जो साइकिल रिक्शा चलाता था, सवारी के इंतजार में टकटकी लगाए सुनसान सड़क की ओर देख रहा था। इस महामारी ने सब कुछ बदल दिया। सरकार ने लॉकडाउन के चलते लोगों को घरों में बंद कर दिया और दिहाड़ी मज़दूर, घरों में काम करने वाले, रिक्शा चलाने वाले सभी बेरोजगार हो गए। राम दुलारे सोच रहा था कि ऐसा कब तक चलेगा। अगर यूं ही चलता रहा तो वह महामारी का शिकार हो या ना हो मगर बेरोजगार होने के कारण भूख से ज़रूर मर जाएगा।

आज १५ दिन हो गए हैं और इन १५ दिनों में..

दो, तीन सवारी को छोड़कर रोज उसे खाली ही वापस लौटना पड़ता था। वे सवारी भी बहुत मजबूरी में रोजमर्रा का सामान लेने बाहर निकली थी, इसलिए नसीब से उसके रिक्शा में बैठ गई थी। राम दुलारे वापस गांव लौटना चाहता था मगर यातायात की व्यवस्था ना होने के कारण जाना मुश्किल था। सोचता कुछ दिन और देख लेता हूं शायद हालात संभल जाए। सरकार की तरफ से भी कई तरह के आश्वासन व योजनाओं की घोषणा हो रही थी। देखते-देखते २ महीने हो गए। हालात संभलने की बजाय बिगड़ते ही चले गए राम दुलारे कभी किसी भोजन सेंटर से, जहां उस जैसे लोगों की भीड़ लगी होती ..कुछ मिल पाता तो खा लेता था। वह भी हमेशा मुमकिन नहीं होता था। अंदर ही अंदर कहीं मरता चला जा रहा था। सहनशक्ति जवाब दे रही थी।

गांव में उसका पूरा परिवार था। मां बाप, भाई, भाभी और उनके बच्चे। घर में सबसे छोटा था राम दुलारे। अभी गांव के रीति रिवाज के मुताबिक उसकी दुल्हन का गोना होना बाकी था। भुखमरी के हालातों में राम दुलारे के साथ रहने वाले अन्य लोगों का हौसला भी टूटना शुरू हो गया...और फिर एक

दिन रामदुलारे और उसके साथियों ने मिलकर एक खाने-पीने की दुकान जो बंद पड़ी थी लूट ली। मेहनतकश रिक्शा चालक राम दुलारे और अन्य दिहाड़ी मज़दूर महामारी और गिरती अर्थव्यवस्था का शिकार हो लुटेरे बन गए। काश वक्त पर उन्हें राहत मिल गई होती।

३२. सज़ा था मोक्ष

हमारे पड़ोस में रहने वाली पुष्पा ने अपने बेटे की शादी अपनी मर्जी और बड़ी धूमधाम से की। उसकी बहू उसके रिश्ते के भाई की बेटी थी। पुष्पा यूं तो खुशमिजाज औरत थी मगर रोबदार हठ की पक्की थी। पति से भी मनमुटाव बना ही रहता था। अधिक समय घर आए लोगों के साथ हंसी मजाक में व्यतीत कर देती थी। आए दिन उसके मायके से कोई ना कोई आया रहता था। घर के कामकाज में अधिक रूचि नहीं थी। बेटे से पहले बेटी की शादी कर चुकी थी। शादी से पहले वही बेटी घर का कामकाज देखा करती थी। बेटे की शादी के पश्चात कुछ समय तो ठीक व्यतीत हुआ। मगर आगे चलकर पुष्पा का अपनी बहू से तालमेल नहीं बैठा। वह पति के रहते ही चाहती थी कि बेटा बहू को लेकर अलग हो जाए। मगर बेटा संस्कारी होने के नाते अपने कर्तव्य से भागना नहीं चाहता था। समय व्यतीत होता चला गया।

कुछ समय बाद पुष्पा के पति का देहांत हो गया। उस दिन पति के शव के पास बैठे पुष्पा के मुंह से यही निकला कि अब तो सिर्फ ज़िंदगी काटनी है। ना जाने क्या हुआ कि हंसती खेलती पुष्पा ने जीने की तमन्ना ही छोड़ दी। कोई नहीं जान पाया कि आखिर पुष्पा के मन में क्या था। धीरे-धीरे पुष्पा की हालत खराब होती चली गई और वह बिस्तर पर पड़ गई। ससुर की मृत्यु पर बहू के मुंह से निकला था... 'जिसे जाना चाहिए था वह अब तक बैठी हुई है'। इस बात से उसका बेटा अनजान था। बेटे की वजह से बहू जितनी सेवा कर सकती थी, कर दिया करती थी। कहीं ऐसा लगता था जैसे कि पुष्पा खुद तो नर्क भोग रही है मगर भीतर से अपनी बहू को सताने की इच्छा रखती है। स्वास्थ दिन-ब-दिन गिरने के बावजूद भी पुष्पा अस्पताल नहीं जाना चाहती थी। उसका बोलना, खाना सब कुछ छूटता जा रहा था। वह सिर्फ बिस्तर पर लेटी टकटकी लगाए

देखती रहती थी। जैसे अंतिम घड़ियां गिन रही हो।

हालत इतनी खराब हो गई कि वह पूरी तरह से सबसे कट गई। यहां तक कि अपने पोता पोती से भी एक दूरी बना चुकी थी। पुष्पा सिर्फ अपने बेटे से जुड़ी थी। जाने अनजाने बेटे को दिए हुए संस्कार ही पुष्पा के अंतिम सफर की असहाय तकलीफ का कारण बने। चार साल कष्ट भोगने के पश्चात एक दिन पुष्पा ने अपनी सांसे छोड़ दी। उस दिन शायद ना सिर्फ पुष्पा को मोक्ष मिला बल्कि कहीं उसकी बहू को भी उस सजा से मोक्ष मिल गया। मगर एक सवाल आज भी वहीं खड़ा है कि क्या पुष्पा और उसकी बहू का संबंध यहीं तक का था? ...या कर्मों का हिसाब किताब अभी भी बाकी है।

३३. जुदाई

सुबह का समय पक्षियों की चहक, मिट्टी की महक और ठंडी शीतल हवा... आलोक ने उठते ही अपने कमरे की खिड़की खोली। बाहर का मौसम बहुत ही मनभावन था। रात हुई बरसात ने जैसे पेड़ पौधों को नहला एक नया रूप दे दिया हो। आलोक रोज की तरह सुबह की सैर के लिए पार्क जाने को तैयार होने लगा। मन ही मन सोच रहा था कि आज इस मौसम में कल्पना का रूप और खिल उठा होगा। बस यही सोच मुसकुरा उठा। मां, मैं पार्क जा रहा हूं दरवाजा बाहर से बंद कर दूंगा... आलोक ने कहा।

आलोक रोज सुबह कल्पना को एक नजर देखने के लिए सुबह सैर करने के बहाने आया करता था। कल्पना उसी की कॉलोनी में दो गलियां छोड़ कर रहती थी। कल्पना भी रोज इसी पार्क में अपनी सहेलियों के साथ आती थी। पार्क में चक्कर लगाते दोनों की निगाहें एक दूसरे से टकराती और दोनों मुसकुरा कर आगे बढ़ जाते थे। लंबे समय तक यह सिलसिला चलता रहा, फिर दोनों में दोस्ती हो गई। मुलाकाते बढ़ने लगी मगर सुबह की मुलाकात अभी भी पक्की थी। दिन भर की व्यस्तता के चलते, बाद में मुलाकात ना हो पाए इसलिए सुबह की सैर किसी भी हालत में मिस नहीं करते थे।

आलोक पार्क में चक्कर लगा रहा था कि कल्पना आ गई। आज सच में मौसम के निखार ने उसके चेहरे को और निखार दिया था। कल्पना सहेलियों का साथ छोड़ आलोक के साथ सैर करने लगी। आलोक ने कल्पना की ओर देखते हुए कहा अब मुझसे यह दूरी सही नहीं जाती, चलो शादी कर लें। कल्पना जोर से हंस पड़ी और बोली, नहीं आलोक अभी हमें अपने-अपने लक्ष्य प्राप्त करने हैं। हमें संयम रख इस दूरी को बनाए रखना होगा। मैं पढ़ाई के लिए पुणे जा रही हूं, इस विश्वास से कि तुम मेरा इंतजार करोगे और रोज यूं ही मुझे

याद कर पार्क आते रहोगे। आलोक को लगा जैसे आसमां अभी फट जाएगा। कल्पना ने आवाज दी.... आलोक तुम सुन रहे हो ना? तुम्हें मुझ पर भरोसा है ना? यह हमारे प्यार की परीक्षा है, जिसे हमें पास करना होगा। ताकि ज़िंदगी का मिलन सुखमय हो। मैं तुम्हारा इंतजार करूंगा... आलोक ने कल्पना का हाथ दबाते हुए दर्द भरी मुस्कान दी। कुदरत की खूबसूरती और जुदाई का दर्द लिए आलोक, कल्पना प्यार की परीक्षा देने को तैयार हो गए। प्यार गिरने का नहीं प्यार ऊंचा उठने का नाम है।

www.ingramcontent.com/pod-product-compliance
Lightning Source LLC
LaVergne TN
LVHW011304210726
843509LV00016B/787